AF819768

Tabellen der Rechtsanwaltsgebühren und Gerichtskosten

und sonstige in der Anwaltspraxis häufig gebrauchte Rechtszahlen

Zusammengestellt von

Richard Berolzheimer

Rechtsanwalt in München.

1927

München * Berlin * Leipzig

J. Schweitzer Verlag (Arthur Sellier).

Inhaltsverzeichnis

Stand vom 15. Februar 1927, bezw. bei Nr. I und VI vom 15. Februar und 1. April 1927.

Druck: Dr. F. P. Datterer & Cie., Freising-München.

I. Rechtsanwaltsgebühren in bürgerlichen Rechtsstreitigkeiten

	Bis 31. März 1927 ℳ	ab 1. April 1927 ℳ
bis 20 ℳ	2.—	2.—
über 20 ℳ bis 60 ℳ	4.—	4.—
über 60 ℳ bis 100 ℳ	6.—	6.—
über 100—150 ℳ	8.—	8.—
über 150—200 ℳ	10.—	10.—
über 200—300 ℳ	15.—	15.—
über 300—400 ℳ	20.—	20.—
über 400—500 ℳ	25.—	25.—
über 500—1000 ℳ	4%+ 5.—	4%+ 5.—
über 1000—3000 „	3%+ 15.—	3%+ 15.—
über 3000—5000 „	3%+ 15.—	2%+ 45.—
über 5000—6000 „	2%+ 65.—	2%+ 45.—
über 6000—10000	2%+ 65.—	1%+105.—
über 10000 bis 100000 ℳ	1%+165.—	1/2%+155.—
über 100000 bis 1000000 ℳ	1/2%+665.—	1/4%+405.—
über 1000000 bis 5000000 ℳ	1/2%+665.—	1/5% +905.—
über 5000000 ℳ	1/2%+665.—	1/10%+5905.—

Mindestgebühr (§ 8): 1 RM.; **Aufrundung** der Gebühr auf nächsthöheren durch 5 ₰ teilbaren Betrag.

Aufrundung des Streitwertes: bis 20000 RM. auf volle 100 RM., über 20000 RM. auf volle 1000 RM.

In der Berufungs- und Revisionsinstanz Erhöhung der Gebühr um 3/10.

Schreibgebühr pro Seite 0.30 RM.

II. Rechtsanwaltsgebühren in Strafsachen

ab 1. April 1927

	Amtsgericht, Strafkammer.	Reichs-, Oberlandes-, Schwurgericht.
a) Vorverfahren Haftbefehlsverhandlung	20.—	40.—
b) Hauptverhandlung	40.—	80.—

Sühneterminsantrag im Privatklage-Verfahren RM. 2.—.

Bei Beweisaufnahme im Privatklageverfahren Erhöhung um 1/4.

Bei Verteidigung mehrerer Beschuldigter Erhöhung um 1/2.

Bei Erstreckung der Verteidigung im Offizialverfahren auf mehrere Tage je voller Betrag.

III. Inkassogebühr der Rechtsanwälte

bis 1000	1%	
über 1000 M bis 10000 M	1/2%	+ 5.— RM.
über 10000.— RM.	1/4%	+ 30.— RM.

Aufrundung der Summe auf volle 10 RM.

IV. Geschäftsreisen der Rechtsanwälte

Tagegeld		Dauer unter 4 Stunden
nach besonders teuren Orten	12.— ℳ	6.— ℳ
nach andern Orten	10.— ℳ	5.— ℳ

Übernachtungsgeld		
in besonders teuren Orten	9.— ℳ	
in andern Orten	5.— ℳ	
Abwesenheitsgeld pro Tag	10.— ℳ	5.—
1 km Landweg	—.20 ℳ	

Fahrtkosten in Bahn, Schiff usw.: Die wirklich erwachsenen Auslagen einschließlich Gepäckbeförderung und -Versicherung (Anspruch auf Benützung der 1. Schiffs- und 2. Wagenklasse).

Nebenkosten, insbesondere Zu- und Abgänge zur Bahn sind in angemessenen Grenzen zu erstatten.

V. Rechtsanwaltsgebühren in Armensachen

	ℳ
bis 20 ℳ	2.—
bis 60 ℳ	4.—
bis 100 ℳ	6.—
bis 150 ℳ	8.—
bis 200 ℳ	10.—
über 200 bis 500 ℳ	12.—
über 500 bis 1000 ℳ	20.—
über 1000 ℳ	35.—

VI. Gerichtskosten

	Bis 31. März 1927		ab 1. April 1927	
		M		M
bis 20 M		1.—		1.—
über 20 M bis 60 M		2.—		2.—
über 60—1000 M		3%		3%
über 1000—2000 M	2% +	10.—	2% +	10.—
über 2000—5000 „	2% +	10.—	1% +	30.—
über 5000—10 000 M	1% +	60.—	1% +	30.—
über 10 000 M	1% +	60.—	½% +	80.—

Aufrundung: bis 20 000 M auf volle 100 M, über 20 000 M auf volle 1000 M.

VII. Prozeßvollmachtstempel in Bayern

	M
bis 150 M	frei
bis 600 M	0.50
bis 1000 M	1.—
bis 3 000 M	1.50
bis 6 000 M	2.—
bis 10 000 M	3.—
bis 15 000 M	4.—
über 15 000 M	5.—

Bei nicht vermögensrechtlichen Ansprüchen 2.— (einschließlich Strafsachen).

VIII. Wechsel- und Scheckzinsen

2% über Reichsbankdiskont (mindestens 6%); jede Neufestsetzung des Reichsbankdiskonts tritt am 2. Tag nach der Veröffentlichung im Reichsgesetzblatt in Kraft. Hienach

8. Juli 1925	bis	20. Januar 1926	11%
21. Januar 1926	bis	1. April 1926	10%
2. April 1926	bis	19. Juni 1926	9%
20. Juni 1926	bis	14. Juli 1926	$8^1/_2$%
15. Juli 1926	bis	22. Januar 1927	8%
23. Januar 1927	bis		7%

IX. Rechtsmittelgrenzen

	Beschwerde-gegenstand über	Streitgegen-stand über
A) ordentliche Gerichte		
für die Berufung	50.— GM.	
für die Revision	4000.— GM.	
für Kostenurteil-beschwerden	30.— GM.	
B) Arbeitsgerichte		
für die Berufung		300 RM.
für die Revision		4000 GM.

X. Lohnpfändungsbeschränkungen

Pfandfrei: Für die Woche 30.— RM. + 1/3 des Mehrbetrags; bei Unterhaltspflicht gegenüber jetzigem oder früherem Ehegatten, Verwandten und unehelichen Kindern Erhöhung für jede Person um 1/6 des Mehrbetrags, höchstens auf 2/3.

Bei Wochenlohn über 100 GM. keine Pfandfreiheit des Mehrbetrags.

XI. Wechselsteuer

Die Steuer beträgt für je 100 RM. 0.10 RM. Angefangene 100 RM. werden für voll gerechnet.

Steuererhöhung auf:	Fälligkeit des Wechsels nach dem Ausstellungstag später als
0.20 RM.	3 Monat 5 Tage
0.30 RM.	1 Jahr

Erhöhung um weitere 0.10 RM. für jede weitere 6 Monate Laufzeit oder einen Teil dieses Zeitraums.

Aus **„Schweitzers blauen Textausgaben“:**

Bürgerl. Gesetzbuch nebst Einführungsgesetz mit Abdruck der zitierten Gesetzesstellen. 3. Aufl. 1926 geb. RM. 5.50

Handelsgesetzbuch m. Seerecht. M. Einl. u. Reg. 2. A. 1927 ca. RM 4.50

Konkursordnung, Anfechtungsges., Geschäftsaufsichts-VO. u. Zwangsversteigerungsges. Mit 28 Nebenges. 2. Aufl. TA. m. Verweisgn. u. ausführl. Sachreg. bearb. v. OLGR. **J. Schiedermaier,** München, 1924 geb. RM. 3.—

Strafgesetzbuch für das Deutsche Reich nebst Einführungsgesetz u. ergänzenden Gesetzen. TA. mit Anm. u Sachreg. Hrsg. v. Dr. **Fr. Doerr,** OLGR., Professor in München. 4. Aufl. 1927 geb. RM. 4.60

Strafprozeß-Ordnung und Gerichtsverfassungsgesetz. Mit Verweisungen. Von Staatsanwalt **R. Kallenbach.** (264 S.) 1924 geb. RM. 3.—

Zivilprozeßordnung mit 43 Nebengesetzen. 3. A. Von Oberlandesgerichtsrat **Schiedermair.** (XV, 598 S.) 1924 geb. RM. 5.—

Ergänzen Sie

Ihre StPO.-Ausgaben

durch

Schweitzers Zettelausgabe Nr. 18

Diese enthält zuerst fortlaufend die Novelle vom 27. Dez. 1926, sodann auf einseitig bedruckten Zetteln die geänderten Paragraphen in der neuen Fassung. Sie ist für jede Ausgabe benützbar. **Preis RM. —.50.**

J. Schweitzer Verlag, München, Berlin, Leipzig

In Vorbereitung ist:

Walter-Joachim-Friedlaender

Die Deutsche Gebührenordnung für Rechtsanwälte

in der Fassung der Novelle vom 28. Jan. 1927 mit den Gebührenvorschriften von Preußen, Bayern, Sachsen, Württemberg, Baden und Hessen. 8. neubearbeitete Auflage

Von

Dr. Adolf Friedlaender, Landgerichtsrat in Limburg a. L. und Dr. Max Friedlaender, Rechtsanwalt in München

Lex. 8°, ca. 670 S. Geb. ca. RM. 30.—

Die 8. Auflage erscheint in Lieferungen. Die erste wird alsbald nach Verkündigung der neuen Fassung der GebO. ausgegeben.

Willenbücher

Das Kostenfestsetzungsverfahren

und die Deutsche Gebührenordnung für Rechtsanwälte nebst den landesgesetzlichen Vorschriften für Preußen, Bayern, Sachsen, Württemberg, Baden, Hessen

10. völlig neubearb. Auflage.

Von W. Fischer, Oberlandesgerichtsrat in Stettin, und Dr. W. Krämer, Rechtsanwalt b. Reichsgericht

1926. Gr. 8°, VIII, 511 S., Ganzl. geb. RM. 19.—

Zur 10. Auflage erscheint ein Nachtrag, sobald die neue Fassung der RA.GebO. veröffentlicht ist.

H. W. Müller, Berlin SW. 68 München NW. 1

Kommentar zur

Rechtsanwalts-Ordnung

Von

Dr. Adolf Friedlaender, Landgerichtsrat in Limburg a. L und Dr. Max Friedlaender, Rechtsanwalt in München

2. völlig neubearb. Auflage

1920. Bg. 8°. 469 S. Geb. RM. 12.—

Kein Anwalt sollte den Kommentar zu seinem Standesgesetz in seiner Bibliothek fehlen lassen.

J. Schweitzer Verlag, München, Berlin, Leipzig

Leipziger Zeitschrift für Deutsches Recht

Gegründet von **Düringer, Jaeger** u. **Könige**

Unter ständiger Mitwirkung von

Dr. L. Ebermayer, Oberreichsanwalt; **Dr. Franz Exner**, Prof. a. d. Universität Leipzig; **Dr. M. Hachenburg**, Rechtsanwalt in Mannheim; **Dr. A. Hagens**, Senatspräsident am RG. i. R.; **Dr. E. Jaeger**, Geh. Hofrat, Prof. an der Universität Leipzig; **Dr. H. Könige**, Senatspräsident am RG. i. R.; **Dr. R. Mansfeld**, Senatspräsident am RG.; **Fr. Oegg**, Senatspräsid. am RG.; **Dr. O. Strecker**, Senatspräsident am RG.

Herausgegeben von **Dr. Otto Klimmer**, Oberlandesgerichtsrat in München. Mit der Beilage:

Blätter f. internationales Privatrecht

Herausgegeben v. Justizrat **Dr. Ludwig Wertheimer**, Doz. a. d. Univ. Frankfurt a. M.

Wir laden Sie zum Bezug der „LZ." ein. Sie bietet vierzehntägig erscheinend, dem deutschen Juristen auf streng wissenschaftl. Grundlage praktische Literatur in der Gestalt tiefschürfender, aber knapp gefaßter Abhandlungen und anerkannt trefflich bearbeiteter Entscheidungen. Samt der Beilage kostet sie nur RM. 5 vierteljährlich. Probehefte kostenlos.

In „Schweitzers braunen Handausgaben"
wird erscheinen:

Die Vergleichsordnung

Erläutert von **Dr. Hugo Cahn**,

Geh. Justizrat, Rechtsanwalt, Professor in Nürnberg

Der Verfasser ist bekannt durch seine mustergültige Kommentierung der GeschäftsaufsichtsVO. Das neue Buch wird sich durch die gleichen Vorzüge auszeichnen wie das erste.

J. Schweitzer Verlag, München, Berlin, Leipzig

FSC
www.fsc.org
MIX
Papier | Fördert gute Waldnutzung
FSC® C083411

Kolibri 360 GmbH
Ferdinand-Jühlke-Straße 7
99095 Erfurt, Deutschland
produktsicherheit@kolibri360.de

Ueber

Fellenbergs Wirthschaft

in Hofwyl

von

August Hoffmann.

Nebst

Anmerkungen und einer Nachschrift

von

Albrecht Thaer.

Berlin,
in der Realschulbuchhandlung,
1809.

Ueber

Fellenbergs Wirthschaft in Hofwyl.

Wo soll ich anfangen, um die berühmte Landwirthschaft von Hofwyl zu beschreiben, die in den gegenwärtigen Tagen so viel Aufsehen macht, wie einst in Libyens Wüste das Orakel des Jupiter Hammon? Groß ist der Haufe der Oekonomen, die Hofwyl besuchen, und größer noch die Anzahl derer, die mit gespannter Aufmerksamkeit etwas hören wollen von dem weltberühmten Etablissement des Alpenlandes. Dort findet ihr Fellenbergs eigne Beschreibung in den landwirthschaftlichen Blättern von Hofwyl, Arau 1808, bei Sauerländer. Oder habt ihr mehr Zutrauen zu französischer Unpartheilichkeit, so leset Lettres de son Excellence Mr. le Géneral Vial, Ambassadeur de France en Suisse, et de Mr. Charles Pictet de Rochemont, un des Redacteur de la Bibliothéque Britannique sur les établissement de Hofwyl, 1808. Oder wollt ihr einen Mann hören, der, der Landesart und des schweizerischen Klimas kundig, das Urtheil über Fellenbergs Thaten spricht, so leset, was ein Schweizer von Geblüt darüber sagt, in seinen Briefen über die Fellenbergische Landwirthschaft zu Hofwyl, Zürch bei Orell und Füßli, 1808. Wollt ihr noch damit vergleichen, die Ansichten eines Deutschen, der wenige Wochen in Hofwyl verweilte, um zu betrachten, was davon auf vaterländischem Grund und Boden zur Verbesserung des landwirthschaftlichen Gewerbes passe: so nehmet die folgenden Zeilen als unbedeutende Bruchstücke des großen Ganzen mit schonender Beurtheilung auf.

Bericht an die D. F. v. S. R.

Ich habe bereits Ew. H. D. über die ersten Eindrücke, welche die Ansicht von Hofwyl in mir erregte, unterthänigste Meldung gethan. Die Empfindung des Vergnügens, eine solche Anstalt zu sehen, war zu stark, als daß es mir nicht noch jetzt im erfreulichen Andenken seyn sollte, nun aus der Ferne hinzublicken auf die Aue von Hofwyl, wo die Göttin der Früchte sich eben herniederließ, den Reichthum ihrer Garben dem Schnitter in die Hand zu geben, wo überall eine Fülle des Segens aus der Erde hervorsproßte, als hätte nur hier Ceres ihren Tempel aufgeschlagen. Ja, noch jetzt ist es meine innige Ueberzeugung, daß dieses ökonomische Institut der Aufmerksamkeit und Beurtheilung jedes denkenden Oekonomen, und jedes Freundes eines verbesserten Landbaues würdig ist, und kein Schüler der Agrikultur wird es bereuen, sich einige Zeit in Hofwyl unterrichtet zu haben.

Aber der Boden der Schweiz und das Klima des Landes sind vielleicht der Vegetation des Wylhofes so günstig?

Mit neidischen Augen dürfen wir weder die ursprüngliche Beschaffenheit des Bodens ansehen, noch das Klima von Hofwyl; denn wer die Schweiz nennt, nennt ein gebirgiges Land, das in Hinsicht dessen mit unserm Thüringer Vaterlande große Aehnlichkeit hat. Die Sonne geht in den Thälern des Alpenlandes später auf und früher unter, und die Höhen der Berge sind oft so kalt, daß ewiger Schnee sie bedeckt. Daher sind nur wenige Gegenden der Schweiz dem Rebenbau günstig, und wenn wir die Reife der Gewächse zum Maßstabe des Klima's annehmen, so hat das Klima der deutschen Rheinseite vierzehn Tage frühere Ernten, und die wärmern Gegenden des schwarzburgischen Fürstenthums haben zu gleicher Zeit ihre Ernte mit Hofwyl. Dieses Jahr fing Herr Fellenberg den 27sten Julius an, seinen ersten Rocken mähen zu lassen; die Wintergerste und der Raps waren aber schon eingescheuert.

Und der Boden? Ja, wenn man denjenigen Boden gut nennt, der durch Arbeit und Mühe verbessert werden kann, und dann die Kosten der Verbesserung reichlich bezahlt, dann hat Hofwyl einen guten Boden. Nennen wir aber nur denjenigen Acker gut, der Garben bringt ohne Düngung, der Ueberfluß hat an Humus, und ohne unser Zuthun gegen die nachtheiligen Einflüsse der Elemente geschützt ist, dann hatte Hofwyl noch vor acht Jahren einen schlechten Boden. Die Hauptgrundlage ist Lehm mit $\frac{1}{4}$ Sand und $\frac{1}{100}$ Kalkstoff gemischt, und in dieser Mischung hat der Acker die gewöhnliche graulich-schwarze Farbe *). An vielen Stellen ist der Sand und Kiesel überwiegend, und giebt dem Boden das Ansehen eines hitzigen Grundes. Seine Lage ist an den wenigsten Stellen ganz eben, größtentheils ist er abhängig, zuweilen von der Gestalt eines ehemaligen Hügels. Daher sind Quellen und Sprünge in Menge darin enthalten, die vor Zeiten das Land überströmten und zur Kultur unbrauchbar machten. Eben so feucht waren die noch viel tiefer liegenden Wiesen, die noch überdies aus einer torfichten Erde bestehen, und in dieser Art wohl schwerlich viel Ausbeute werden gegeben haben.

Auch die politischen Verhältnisse von Hofwyl waren vormals nicht die erfreulichsten; denn das Gut war, wie noch jetzt jedes andere Schweizergut, der Last des unbestimmten Naturalzehnts unterworfen, eine Last, unter welcher nicht leicht ein Oekonom viel Aufwand zur landwirthschaftli-

*) Eine sehr glückliche Erdmischung, die bei zureichendem Humus, dem Bau aller Früchte günstig ist, besonders wenn ihr in einem feuchten Klima die Abwechserungen nicht fehlen. Th.

chen Verbesserung machen wird, und die von sich abzuwälzen, allerdings Herrn Fellenbergs erste Sorge und Bemühung seyn mußte, wenn er mit Muth seine Hände an das Werk der ökonomischen Melioration legen wollte; denn ohne Geldaufwand ohne Mühe und Arbeit konnte in einer so zerrütteten Landwirthschaft, wie Hr. Fellenberg sie vor acht Jahren fand, keine so hohe Vegetation zu Stande gebracht werden, wie sie jetzt im kleinsten Winkel der Fellenbergischen Besitzungen sichtbar ist. Die vorigen Bewirthschafter dieses Guts, welche in Pacht darauf saßen, mochten für ihren Beutel gute Landwirthe gewesen seyn, und ihren Privatvortheil wohl zu berechnen gewußt haben; aber man wirft ihnen vor, daß sie für sich mehr als für die Verbesserung des Guts gesorgt, und daher dem Capitalwerth desselben gar keinen Zuwachs verschafft hätten; gegentheils sagt man, unter ihren Händen habe sich der Acker von Jahr zu Jahr verschlechtert, und habe daher immer weniger die Pachtsumme abgeworfen, und dies sey aus folgenden Ursachen entstanden: Man habe schlecht geackert, der Boden sey nie bis zu der Tiefe gelockert worden, daß der Acker so viel Erde bekommen habe, als er verlange, wenn sich die Wurzeln der Feldfrüchte wohl befinden, und gegen Wind,

Nässe und Trockenheit möglichster maßen gesichert seyn sollen. Daher habe man in guten Jahren nur mittelmäßige Ernten, und in mittelmäßig guten Jahren schlechte Ernten gemacht, und viele Mißernten wären unausbleibliche Folge gewesen. Ob die vorigen Pächter die Kultur des Bodens nicht verstanden, oder ob sie den Aufwand gescheuet hatten, etwas mehr Zugvieh zu halten, um den Boden besser zu lockern, oder ob man es den Knechten allein überlassen habe, nach ihrer Bequemlichkeit zu pflügen; oder ob man die unter dem Pfluge stehenden Steine nicht habe ausgraben wollen; oder ob man sich gefürchtet, beim Mangel an Düngung die wenige obere Dammerde vollends zu versenken, darüber könne man keine bestimmte Auskunft geben; das Resultat sey aber gewesen, der Boden habe nie eine gute Beackerung erhalten, und daher habe das Unkraut gar oft die Stelle der erzielten Gewächse vertreten.

Zwar hätten die Aecker einige Abwässerungskanäle und die Wiesen mehrere Gräben besessen; allein sie wären nicht regelmäßig angelegt gewesen, nicht zu gehöriger Zeit gereiniget, geöffnet und geschlossen worden, und daher hätten sie gar oft ihren Dienst versagt, und gallichte und vom Wasser ausgesauerte Stellen wären die Folgen gewesen.

Auf wildem Wiesewachs Futter ohne Aufwand zu gewinnen, habe man mehr gehalten, als auf künstlichen, veredelten Futtergewinn, und daher habe man die Viehzucht nie in der Art vermehren können, wie der Düngungszustand eigentlich es erfordert habe. Ein Theil des Ackers habe in reiner Brache, oder was fast noch schlimmer gewesen, zu einem kärglichen Heugewinn auf 8 bis 10 Jahre dem natürlichen Graswuchs überlassen gelegen, und so habe man zwar nicht nöthig gehabt, ein großes Kapital in den Bestand der Viehzucht zu wenden, und noch weniger zur guten Pflege des Ackers, allein man habe auch eben nicht mehr geerntet, als noch heute die das Gut umgebenden nachbarlichen Felder Ausbeute geben.

So verarmt und gleichsam ausgehungert fand Hr. Fellenberg den Wylhof, als er sich entschloß, denselben käuflich an sich zu bringen. Wer Güter kaufen will, thut in der Regel besser, wenn er nach solchen fragt, die einer so schlechten Wirthschaft unterworfen waren, als wenn er solche an sich bringt, die schon auf einen hohen Grad verbessert sind, und also in diesem Verhältnisse theurer bezahlt werden müssen, als der Unterschied, der zwischen den reinen Einkünften beider obwaltet, mit sich bringt. Hr. Fellenberg kaufte den Wylhof um die Summe von 200,000 Schweizer Franken, d. i. 50,000 Laubthaler, und erhielt einen Hof mit sehr ansehnlichen, aber theils noch nicht nach seinem Geschmack eingerichteten, theils noch nicht genugsam ausgebaueten, theils noch nicht zu seinem Viehstapel und den zu hoffenden Ernten hinreichenden Wohn- und Wirthschaftsgebäuden. Sodann erhielt er rings um den Hof 200 Jucharten, d. i. 250 Acker Feld, 80 Jucharten, d. i. 100 Acker Wiese, und 100 Jucharten ziemlich gut bestandenes Gehölze *).

Zum Behuf seiner Pläne glaubte sich Hr. Fellenberg genöthigt, seinen Gebäuden eine andere Form und weitere Ausdehnung geben zu müssen, neue Feldinstrumente anschaffen zu müssen, mehr

*) Zur Erleichterung der Uebersicht füge ich hier das Verhältniß des Berner Acker- und Getreidemaaßes zum Berliner bei:

Ein Juchart hat 32593 Pariser Quadratfuß. Ein Magdeburger Morgen hat 24197 Pariser Quadratfuß. Der Berner Fuß hat in der Länge 130 Pariser Linien; der Rheinländische, nach dem Berliner Normalfuß, 139,13 Pariser Linien; 61 Berner Fuß gleichen nahe 57 Berlinern. Ein Juchart hält also 1,343 Magdeburger Morgen. Der Acker des Wylhofes also 335¾ Morgen, die Wiesen 107,440 Morgen oder 107½. Der

an Aecker und Wiesen zu wenden, und endlich einen stärkeren Viehstand anzukaufen. Er berechnet die Summe dieses Aufwands auf 100,000 Franken, d. i. 25,000 Laubthaler. Mithin haftet jetzt auf Hofwyl ein Kapitalvermögen von 300,000 Schweizer-Franken, welche jährlich, zu 5 pCt. Interessen gerechnet, einen Zins von 15,000 Franken, d. i. 3750 Laubthaler mit sich führen.

Nun dient zu wissen, daß in der letzten Periode der Pachtung, wie Hr. Fellenberg in seinen landwirthschaftlichen Blättern von Hofwyl S. 131 sagt, nur 1300 Laubthaler Pachtgeld fürs folgende Jahr geboten worden sind, und daß 40 Jahr zuvor nur 900 Laubthaler Lehnzins gegeben worden ist, während der Wylhof damals aus 80 Jucharten des

---

Acker, wovon der Hr. V. spricht ist vermuthlich der Nordhäuser, welcher 26208 Pariser Quadratfuß hält; oder der Erfurther Morgen, welcher 24851 □Fuß hält. Ein Berner Mütt hält 12 Mäß rauhe und 10 Mäß glatte Frucht. Ein Mäß hält 665 Pariser Kubikzoll. Ein Berliner Scheffel hält nach Eytelweins genauster Vermessung 2758,912 oder ganz nahe 2759 Pariser Kubikzoll. Folglich ein Berner Mäß 0,24 Berlin. Scheffel; 10 Mäß vom Juchart sind gleich 1,786 Berlin. Scheffel vom Morgen; der Nordhauser Scheffel, wovon vermuthlich der Hr. V. spricht, hat 2291 Pariser Kubikzoll. Th.

besten Landes mehr als jetzt in sich faßte. Es wurde zwar in den letztern Pachtjahren der Pachtzins auf 1600 Kronen oder Laubthaler gesteigert, allein wem ist es nicht einleuchtend, daß dieser hohe Pachtzins bloß eine Folge der theuern Getreidepreise war, wodurch in allen Ländern die Pachtungen über die Gebühr gesteigert worden sind, wodurch auch schon mancher Pachter sich seinen Untergang zugezogen hat.

Jedoch, wir wollen den Pachtzins, welcher zuletzt, ehe Hr. Fellenberg kaufte, nehmlich die 1300 Laubthaler, zum Grunde legen, und darnach zu 5 pCt. den Kapitalwerth des Wylhofes berechnen, so wird sich ergeben, daß die Summe des Kapitalwerthes 26,000 Laubthaler beträgt, und es entsteht also billig die Frage: wie konnte Hr. Fellenberg für ein Gut, in welches er, noch ehe Gebäude und Felder in Ordnung kamen, 25,000 Laubthaler hineinverwenden mußte, die Kaufsumme von 50,000 Laubthalern verwilligen, da doch der ganze Wylhof, nach dem Pachtgelde gerechnet, nur 26,000 Laubthaler werth war?

Oder mit andern Worten ausgedrückt: wie war es möglich, daß Hr. Fellenberg unternahm, eine Interesse von 3750 Laubthalern jährlich herauszuwirthschaften, da der gewöhnl. Pachtzins nur 900 Laubthaler, bei 80 Jucharten des besten Landes mehr, war, und der allerhöchste Pachtzins in den übertrieben theuern Getreidejahren nur 1600 Laubthaler betrug? wie konnte er, der vorher kein Oekonom von Profession war, rechnen, noch außerdem für Mühe, Arbeit und Risiko entschädiget zu werden? Wir wollen also ferner sehen, ob Hr. Fellenberg beim Wylhof einen Rathkauf gethan, ob er seine Rechnung darauf findet, wir wollen sehen, was der unternehmende Mann gethan und geleistet hat, und was wir ihm nachahmen dürfen oder unterlassen müssen; denn fast ist es nicht zu begreifen, wie Hr. Fellenberg so theuer kaufen konnte, wenn er nicht ein so großes Zutrauen zu seinen Unternehmungen und Verbesserungen in sich wahrgenommen hätte, und gleichwohl würde es mir, trotz aller geschehenen Verbesserungen, indem sich sonst Niemand leicht findet, welcher das bezahlt, was er erst durch Kosten und Mühe gewinnen will, unbegreiflich seyn, wenn nicht eine sehr beträchtliche Waldung noch dazu gehörte, von welcher Hr. Fellenberg versicherte, daß eine Abholzung schon zureichend sey, um einen großen Theil des Kaufgeldes zu bezahlen.

Wir betrachten nun die Wohn- und Wirthschaftsgebäude. Der erste Blick schon läßt nicht gewöhnliche ländliche Gebäude wahrnehmen, sondern man dünkt sich in die Villa eines englischen Landlords versetzt. Der äußere Schmuck, die Menge und Größe der Gebäude scheinen ein Gut anzukündigen, das aus dreimal so viel Feld und Wiesen besteht, als das des Wylhofs. Jedes Gebäude steht allein in einer gewissen Entfernung von dem andern, und wenn diese Einrichtung gegen das Umsichgreifen des Feuers schützt, so sind noch überdies die meisten Gebäude von Mauersteinen, mit Ziegeln gedeckt, und mit einer Menge Blitzableiter von allen Seiten umgeben.

Das Wohnhaus der Fellenbergischen Familie, welches zugleich zum Büreau der Landwirthschaft bestimmt ist, war beim Kauf noch nicht völlig ausgebaut. Es besteht aus massiven Sandsteinquadern, und am Eingange ist ein anmuthiger Balkon über einer geschmackvollen Säulenstellung, — ein kleiner Thurm erhebt sich über dem Dache, worauf man die Environs übersehen kann, und man findet darauf ein Perspektiv und ein Sprachrohr. Alles dieses ist wahrscheinlich das Werk des jetzigen Herrn Besitzers. In dem Büreau der Landwirthschaft versammeln sich diejenigen Pensionairs und Schüler des Hrn. Fellenberg, die zugleich zu Aufsehern und Rechnungsführern bestimmt sind. Anßer einer Menge Rechnungen und Vermessungskarten fand ich, unter den wenigen vorhandenen Büchern, vorzüglich die ökonomischen Annalen des Hrn. Geh. Raths Thaer. Durch eine an diesem Gebäude befindliche Glocke pflegt Hr. Fellenberg seinen Leuten gewisse Signale zu geben.

Ohnweit dieses Wohnhauses steht in einer gewissen Entfernung eine ältere, welche die Gärtnerwohnung genennt wird. Jetzt bewohnen sie die Domestiken des Besitzers, aber eigentlich ist sie bestimmt, die Wohnung eines Pachters zu seyn, wenn Hr. Fellenberg oder ein zukünftiger Eigenthümer den Gedanken bekommen sollte, das Gut in Pacht zu geben, was aber vors erste nicht geschehen dürfte, da Hr. Fellenberg einen ganz andern Plan für späte Zukunft in einem Testamente entworfen hat, wie das Gut nach seinem dereinstigen Ableben bewirthschaftet werden soll.

Nun folgen die drei Hauptwirthschaftsgebäude, welche den Hof von drei Seiten einschließen. Ihre Hauptbestimmung ist, Scheunen, Futterbehälter und Viehställe zu seyn; allein sie dienen zugleich zur Fabrik und zur Aufbewahrung der landwirthschaftlichen Instrumente, zur Molkerei und zur Aufschüttung der behackten Früchte. Das Souterrain ist bei einem Gebäude wie bei dem andern, so viel ich weiss, Keller und Gewölbe, die zum Theil noch nicht ausgebaut sind. Die untern Etagen der zwei ältern Gebäude sind Ochsen- Küh- und Pferdeställe mit den dazwischen befindlichen Futterkammern oder Futtergängen. Sodann befinden sich darin eine Küche, mehrere Wagenremisen u. dgl.. Im neuen Gebäude ist die Werkstätte der Feuerarbeiter, die Kammer der ökonomischen Modelle und mehrere Behältnisse der ökonomischen Instrumente, welche sowohl zur eignen Wirthschaft gebraucht werden, als auch zum Verkauf bestimmt sind. Auch die Wagner, Böttiger und Stellmacher arbeiten darin, und am andern Ende ist die Feuerstätte, wo Käse bereitet und Erdäpfel in Dampf gekocht werden.

In allen drei Gebäuden aber befinden sich in der obern Etage und unter dem Dache die Räume zur Einerntung des Getreides, des Heues und Klees, so wie auch die Schennentenne. Man hat nämlich in den meisten Scheunen der Schweiz eine zur Erleichterung der Erntenfuhren und des Abladens sehr passende Bauart, daß nämlich in der obern Etage Thorwege und Scheuntennen eingebaut sind. Zu diesen führt ein erhöheter Einfuhrweg, welcher entweder von Natur durch einen Hügel gebildet wird, oder durch die Kunst gleich einer

Brücke so gebauet ist, daß man unter das Dach mit Wagen und Pferden fahren kann. Man erspart dadurch beim Abladen viel Arbeit, indem man nicht nöthig hat, die Garben, das Heu und den Klee so hoch hinaufzureichen. In vielen Scheunen ist unten eine Scheuntenne und oben auch, und die bergichte Lage der Schweiz reicht dazu gute Gelegenheit dar.

Ob ich mit der Bauart der Scheunen in der Hinsicht zufrieden bin, daß darin auch die Kühe, Ochsen und Pferde stehen? diese Frage muß ich verneinen, und nur der äußerste Nothfall würde mich zwingen, einem Wirthschaftsgebäude eine komplicirte Bestimmung zu geben. Indessen die Größe jener Gebäude, wie sie Hr. Fellenberg schon vorfand, machte es nöthig, den obern Raum nicht unbenutzt zu lassen, und daher ist dasselbe zu entschuldigen.

Allein ich habe noch einige andere Fehler zu rügen, die, in meinen Augen, Hrn. Fellenberg mehr zur Last fallen. Nämlich:

1) warum sind so viele Feuerstätten in den Scheunen angebracht, die Küche, die Feuerstätte der Schlösser und die des Dampfkochens der Erdäpfel und der Kessel zur Bereitung der Käse? Wäre es nicht zweckmäßiger

wenig-

wenigstens die Fabrikationsgebäude ganz von den eigentlichen Oekonomiegebäuden abzusondern? da Hr. Fellenbenberg ein großes neues Gebäude selbst errichtet hat, so hätte darauf Rücksicht genommen werden können und sollen.

2) Finde ich in den zwei besagten Gebäuden von so großem Umfang (denn jedes ist 150 Fuß lang und 50 tief), nicht einen einzigen räumigen Stall für die Rindviehaltung, sondern es sind darin 8 kleine Ställe, in deren jedem 8 bis 10 Stück Rindvieh stehen können. Zwischen zwei solchen Ställen ist jedesmal eine Kammer, die zum Futtergang bestimmt ist, und aus welcher durch angebrachte Oeffnungen das Futter in die Raufen der Kühe, Ochsen und Pferde, vermittelst einer Gabel, gesteckt wird. Warum hat wohl Hr. Fellenberg diese altmodische Art von Viehställen, wie man sie auf den Bauerhöfen nur findet, beibehalten, da er doch eine Hauptreform bei den Gebäuden vorgenommen hat? Warum hat er nicht einen Viehstall der Länge des Gebäudes nach einrichten lassen, wo sein ganzer Viehstapel in zwei Reihen gestellt, dem Futtergang in der Mitte, Platz genug gelassen haben würde. Dann hätte er auch nicht

nöthig gehabt, den Pferdestall in der Mitte der Ochsenställe anzubringen, und das ganze zweite Gebäude hätte zu andern Zwecken bestimmt werden können.

Abgerechnet, daß diese vielen Ställe auszubauen weit mehr Kosten verursacht haben, müssen sie nun auch in der Art unterhalten werden. Ab gerechnet, daß die Arbeit der Leute, durch das Hin- und Herlaufen in den Ställen, sehr vermehrt wird, können sie auch nicht so gut in Aufsicht gehalten werden, ob und wie sie das Vieh behandeln. So kommt noch eine Hauptsache hinzu, die Hrn. Fellenbergs Wirthschaftsanlagen sehr vertheuert hat, und die nur durch diese vielen Ställe ihre Entstehung gehabt hat, dies sind die vielen kleinen Mistjauchenbehälter. Die Samlung der Mistjauche, die sorgfältige Behandlung derselben zum Behuf der Düngung, ist eine sehr lobenswerthe Einrichtung in Hofwyl *). Allein, wie kostspielig unter den ob-

*) Die Gauchen- oder Göllendüngung ist in der Schweiz etwas sehr gewöhnliches; vermuthlich wegen des Mangels an Stroh, den man daselbst hat. Manche haben sie übertrieben gerühmt. Wenn aber diese allerdings sehr würksame Gauche im flüssigen Zustande für sich gebraucht wird, so kann ihre Kraft dem Strohmiste nicht beigemischt seyn. Denn einmal ist dieser Düngerstoff nur da.

Th.

waltenden Umständen. An jedem einzelnen Stalle sind wenigstens zwei Jauchenbehälter, um die neuere Jauche aufzufangen, und um die ältere ohne Beimischung der neueren Jauche gähren zu lassen. Da nun 8 Rindviehställe da sind, so sind auch 16 Jauchenbehälter zu beiden Seiten der Ställe angebracht. Diese Behälter sind mit Holzstämmen ausgelegte Gruben, oben mit Bohlen oder starken Brettern bedeckt, und unter sich durch angebrachtes Gefälle und Röhren in Verbindung stehend, damit sie in große Behältnisse zusammenlaufen, und von da durch eingesetzte Plumpen ausgeschöpft werden können. Aber nicht genug, daß alle diese Behaltnisse sehr viel Holz und Arbeit gekostet haben, und öftere Reparaturen nothwendig machen werden, mußten sie auch vor Regenwasser geschützt werden. Zu diesem Behuf sind die Seiten aller drei besagten Gebäude mit Gallerien umgeben. Diese Gallerien ruhen auf steinernen Pfeilern, und entstehen durch das herausgebaute zweite Stockwerk. Sie mögen freilich auch noch anderer Absichten wegen da seyn, sind aber immer eine kostspielige Sache, und ich glaube doch, daß die Trockenstellung der Mistjauchenbehälter die Hauptabsicht war, warum sie Hr. Fellenberg anlegte. Auf den Dörfern in der Schweiz findet man auch Gallerien, welche aber nicht durch das obere Stockwerk, sondern bloß durch einen Uebersprung des Daches gebildet werden, und also viel wohlfeiler sind. Zudem sind nun auch, um das Regenwasser von den Dächern abzuleiten, Traufröhren unter jeglichem Dache, die freilich auf jedem Wirthschaftshofe eine sehr löbliche Absicht erreichen würden, wenn man die Kosten nicht scheuete, sie anzulegen. Diese Traufröhren verwahren nehmlich die Mißstätten vor dem Ergießen eines zu starken Regens, sie leiten das wilde Wasser ab, wodurch in den meisten Höfen die Düngerstätten überschwemmt werden. Es erfolgt daraus eine Auslaugung des Düngers, und die Mistlauge fließt dann direkte auf die Gasse, und ist für den Landmann verloren.

Wir finden also bei Hrn. Fellenberg alle diese Fehler eines Wirthschaftshofes verbessert, allein mit vielem Kostenaufwand. Dieser Aufwand hätte sehr vermindert werden können, wenn ein einziger großer Viehstall da wäre, wo man die sämmtliche Jauche in zwei Behälter hätt leiten können, wie ich dieses auf vielen Höfen in der Mark Brandenburg gesehen habe.

In den obern Etagen, wo das Heu und Getreide aufbewahret wird, findet man fast alle Behältnisse mit Brettern gedielet, wodurch das Getreidekorn aufbewahret wird, und nicht so viel verloren werden kann. Mit einem Worte, es ist alles in der schönsten Ordnung, wie man es einzeln nur selten findet. In Hofwyl findet man alles, was zweckmäßig ist, beisammen.

Außer diesen drei Hauptwirthschaftsgebäuden, stehen mehrere kleinere Seitengebäude, welche zur Stellung der Geräthe, der Wagen, der Pflüge, zur Aufbewahrung des Holzes, der Kohlen, des Torfes u. s. w. dienen. Auch der Schafstall, der aber sehr dumpfig angelegt ist, die Schweineställe, die aber auch zu warm sind, der Stall für die Esel, die Hr. Fellenberg zu kleinen Arbeiten brauchen kann, sind Seitengebäude. Desgleichen ist der Hauptjauchenbehälter überbaut, und dient zugleich zur Arbeitsstätte eines Wagners, und zur luftigen Aufbewahrung des ihm nöthigen Werkholzes.

Im Hofe findet man eine Klausur für die Schafe, wo sie des Tags in freier Luft herumlaufen können. Man findet auch kleine Anpflanzungen von Bäumen auf dem Hofe, und, was einen besondern Beweis abgiebt, wie sehr Hr. Fellenberg darauf bedacht ist, nichts umkommen zu lassen, mehrere kleine Häuschen, welche zugleich zur Reinlichkeit des Hofes und zur Bequemlichkeit bestimmt sind. Man findet ferner auf dem Hofe einen Ort, wo die Kühe und Ochsen, welche mit kaltem Wasser nur getränkt werden, zur Tränke gehen. Daselbst ist mit allerhand Streu und mit Erde und Rasen ein Teppich angelegt, um zugleich den Abfall im Dünger benutzen zu können. Die Miststätten sind nach Schweizerart, d. h. der Dünger wird aus den Ställen dahin geschafft, und sehr sorgfältig aufgethürmt. In der Mitte jeder Miststätte ist eine Plumpe angebracht, wodurch die Jauche aus der Tiefe in die Höhe gezogen wird, um damit den Dünger begießen zu können. In diese Düngerhaufen wird zu Zeiten eine Schicht Mergelerde eingelegt, welche die Vermehrung des Mistes zum Zweck hat.

An den Hof gränzt ein Küchengarten, und eine kleine englische Parthie, worin man nicht allein Baumschulen, sondern auch das Sommerauditorium findet, worin Hr. Fellenberg seinen Schülern Vorlesungen hält. Ich hatte das Vergnügen, einige dergleichen Vorlesungen anzuhören, und zwar in einer Stunde sprach er über das Verhalten eines Oekonomen gegen den Müller, und in der andern erklärte er ein Stück aus seinen landwirthschaftlichen Blättern, und namentlich über das Tiefpflügen. Am Schlusse der Vorlesung forderte er seine Schüler auf, ihre Einwendungen gegen das Gesagte beizubringen, ihre Zweifel zu äußern oder es öffentlich zu sagen, wenn sie in einer Sache eine bessere Ueberzeugung hätten, oder eine Erfahrung mittheilen könnten. Es ist wohl keinen Zweifel unterworfen, daß eine solche Unterhaltung sehr anfeuert, uud den Geist der Oekonomie belebt.

Nun hat Hr. Fellenberg sich noch vorgenommen, außer den genannten Gebäuden noch ein neues aufzuführen, wahrscheinlich zur Unterbringung seiner Früchte.

Kaum ist es denkbar, wie auf einem so kleinen Gute, das nur aus 200 Juchart Ackerland besteht, so viele Gebäude nöthig sind. Man hat mir, glaube ich, gesagt, es solle das neue Gebäude ein Fruchtspeicher werden, wozu Hr. Fellenberg ein eigenes Ideal entworfen hat. Er hat mir dasselbe im Model gezeigt, welches, wenn es im Großen eben so gut seine Zweck erreicht, meinen Beifall gehabt hat. Ein solcher Speicher soll von allen Seiten dem Luftzug ausgesetzt seyn, und das Korn darin auf eine sehr leichte Art gewendet werden können. Wenn man nämlich aus einem langen, holen cylinderartigen Körper, der in die Höhe steht, unten ein Maaß Korn herausrollen läßt, so rollt die ganze Masse nach, und kommt dadurch in eine andere Lage. Auf diesem Grundsatz beruhet die Idee seines Kornspeichers. An allen Seiten desselben sind Luftlöcher, die durch Luftzüge, aus Brettern gemacht, unterstützt werden.

Hr. Fellenberg hat noch überdies von der Berner Regierung die Hoffnung erhalten, daß ihm ein altes aber noch brauchbares Gebäude in Buchsee, unweit Hofwyl, zum Behuf seines Instituts zu Theil werden soll.

Wir werfen nun unsere Blicke auf die Organisation des Feldbaues in Hofwyl. Wenn gleich Hr. Fellenberg ein Staatsmann und kein Oekonom von Profession war, als er das Werk der Landwirthschaft begann, so hat er es doch darin allen andern Oekonomen zuvorgethan, daß er als Vater der Fruchtwechselwirthschaft in der Schweiz angesehen werden muß, und gleichwie in diesem Lande Zwinglius und Calvin zu gleicher Zeit die Reformation des reinen Christenthums begannen, als Martin Luther in Sachsen anfing, gegen die Mißbräuche des Katholicismus zu eifern, eben so ist Fellenberg der erste Reformator der Agrikultur in der Schweiz, als Thaer in Niedersachsen und jetzt in der Mark zuerst auf die Gebrechen der hergebrachten landwirthschaftlichen Verfassung aufmerksam machte. Fellenberg entschloß sich zuerst, die Instrumente dazu mit vielen Kosten aus England herbeizuholen, und eine Fabrik solcher Instrumente auf dem Wylhof anzulegen, und es ist lobenswerth, daß man ihm das Privilegium dieser Fabrikation als Monopol in der Schweiz verliehen hat.

Welches war die Triebfeder zu dieser riskanten Unternehmung? Herr Fellenberg, voll Eifers, sich auf irgend eine Art um sein Vaterland, um sein durch Krieg verheertes Vaterland verdient zu machen, hatte mehrere Versuche gemacht, dasselbe zu retten. Alles schlug ihm fehl; nur eins glaubte er realisiren zu können, da von außen her nichts zu machen war. Die innern Kräfte der erschlafften Staatsmaschine wieder in energische Bewegung zu setzen, mußten zuerst die zwei großen Triebfedern in neue Spannung gesetzt werden, von denen der Schwung aller kleinern Räder zunächst abhängig ist.

Pestalozzi arbeitete für die Bildung junger denkender Staatsbürger, er arbeitete zunächst für die Bildung und Nahrung der Geisteskräfte. Und so wollte Fellenberg dem Nahrungsgeschäfte sich unterziehen, und also zunächst der Unterhaltung des körperlichen Menschentheils seine Thätigkeit widmen. Fellenberg hatte einmal die Ueberzeugung, daß der Landbau in der Schweiz auf einer niedrigen Stufe der Vollkommenheit stehe, und einer neuen Anfeuerung bedürfe, da alle andere Hülfsmittel zur Rettung erloschen schienen. Ganz gewiß macht sich der um sein Vaterland verdient, der zum neuen Gebäude einer erhöheten Landbauwissenschaft den ersten Grundstein legt. Diese Lorbeern selbst zu erbeuten — war auch der erste Versuch, nur ein halsbrechendes Wagestück für einen sich allein überlassenen Privatmann — faßte er den hohen Entschluß. Zu großen Unternehmungen paßt nicht ein feiger Muth, allzugroße Ueberlegung ist selten mit Kühnheit vereinigt. Er überlegt nur, wie er es anzufangen habe, nicht denkend an die etwanigen Gefahren. Nicht auf eignen Vortheil bedacht, liegt ihm nur die Rettung der Nation vor Augen. Er thut in Hinsicht seiner einige unüberlegte Schritte; für sein Vaterland nur arbeitet er, bricht er einen Weg über die steilsten Alpen hinweg, um vorerst seinen Freunden und zuletzt auch seinen Spöttern eine neue aufgehende Sonne zu zeigen, die das Vaterland mit freundlichen Stralen erwärmen soll.

Die Schweiz ist das Land der köstlichsten Weide, und dieser Umstand charakterisirt den Schweizer-Ackerbau. Der Deutsche — wir sprechen hier nicht von Ausnahmen — muß, wegen Mangel an guter

Wald- und Bergweide, sein Hauptaugenmerk auf Stallfütterung im Sommer, oder doch auf Veredelung des Weidefelds richten, will er anders seine Felder aufs beste düngen und benutzen. In Deutschland ist wilde Weide, im Allgemeinen betrachtet, selten von der Art, daß der gute Oekonom nicht auf Mittel denken sollte, sie zu veredeln, oder wohl gar Stallfütterung einzuführen. Nur so sieht er sich im Zustande einer veredelten Oekonomie. Er hat eine doppelte Sorge: die Sorge für den Sommer, und die Sorge für den Winter.

Der Schweizer dagegen überläßt den Alpen und dem Nebel die Erzeugung seines Sommerfutters, bekümmert sich nur, auf seinen wenigen Feldern hinlängliches Winterfutter sich zu verschaffen. Gewöhnlich läßt er seinen Acker wohl zehn Jahre zum Graswuchs liegen, und bricht ihn dann wieder auf, um einige Jahre Korn in der Stoppel des Grases zu bauen. Schlechte Industrie, die nicht mehr thut, und bloß den Himmel sorgen läßt.

Folget eurem Fellenberg, ihr Schweizer, und ihr werdet bald mehr Futter für den Winter bauen.

Doch, hier ist der Ort, wo mir Herr Fellenberg eine Bemerkung erlauben wird. Ich sahe die grossen Vorräthe von Futter bei Hrn. Fellenberg, dachte mir die Lage der Schweiz, und so entstand folgende Betrachtung bei mir.

Herr Fellenberg bauet zwar eine Menge Futter, Heu, Klee, Erdäpfel, Rüben und Stroh. Allein den größten Theil verzehret ja sein Vieh im Sommer wieder, er hat ja Stallfütterung wie der Deutsche, und ernährt nur eben so viel Vieh im Winter, als im Sommer. Gesetzt nun, alle seine Landsleute dächten eben so, und ahmten seinem Beispiele nach, wo sollte das Vieh auf den Alpen im Winter sein Futter finden. Würde Herr Fellenberg nicht mehr Nachahmung finden, wenn er Futter bauete, um damit Alpenvieh im Winter zu zu ernähren? Sollte er nicht Gelegenheit haben, einen Alpen zu kaufen, zu pachten, oder die Weide desselben an sich zu bringen?

Oder wäre dies nicht möglich, würde es nicht besser gethan seyn, wenn er die Kühe eines Alpenbesitzers in Futter nehmen wollte? Meiner Meinung nach würde dies theuer bezahlt werden müssen; die Düngung würde sein Eigenthum seyn, und der Alpenwirth würde das Futter, welches seine Kühe verzehret haben, gewiß theurer bezahlen, als der Abwurf seiner jetzigen Molkerei und Mastung besaget. Herr Fellenberg würde alle Arbeit mit dem Vieh im Sommer ersparen, und auch im Winter wäre es nicht seine, sondern des Viehbesitzers Sache, das Vieh zu füttern. Ich habe geglaubt, auf diese Art sorge Hr. Fellenberg am besten für sein Vaterland; er lehret und zeiget, wie Futterkräuter in Menge anzubauen sind, und wie diese auf die für sein Vaterland zweckmäßigste Art zum Besten des Weideviehes verwendet werden müssen *) Herr Fellenberg wirthschaftet jetzt nicht wie ein Schweizer, sondern wie ein Deutscher, oder vielmehr so wie alle deutsche Oekonomen, die keine Weide haben, wirthschaften sollten.

Doch ich lasse mich gern eines Bessern belehren, und beschreibe nun die Art und Weise, wie Herr Fellenberg seine Felder bestellet und behandelt. Er geht da zuerst von dem Grundsatze aus: kein

---

*) Vor allen frägt sich's, ob Herr F. hierzu Gelegenheit habe. Sodann benutzt er aber auch seine Molkerei, wie ich meine gehört zu haben, durch die Nachbarschaft von Bern sehr hoch. Wäre es seine einzige Absicht seinem Vaterlande ein Beispiel zu geben, so möchte der Vorschlag des Hrn. Verf. dieser Absicht vielleicht noch besser entsprechen. Aber es wäre doch zu viel verlangt, wenn er auch hierin seinen Vortheil ganz hätte aufopfern sollen. Und die Berner lieben wahrscheinlich Rohm und frische Butter mehr, als sonst in der Schweiz geschieht. Th.

Acker darf in reiner Brache liegen, wenn nicht ganz besondere Ursachen dazu es nöthig machen. Ein fleißiger Oekonom schläft nicht bei Tage, wenn er nicht krank ist, und so soll auch der Acker, wenn er nicht krank ist und Ruhe bedarf, während des Sommers nicht Unkraut und Disteln, sondern gute Früchte tragen. Herr Fellenberg glaubt, daß bei der Behandlung, welche die Aecker in Hofwyl erhalten, der Winterschlaf genug sey, um wieder neue Kräfte für das kommende Frühjahr zu sammeln.

Zweitens sucht Hr. Fellenberg so viel Getreide zu bauen als möglich ist, und zwar hauptsächlich die edelsten Getreidearten, den Spelz, die Krone aller Früchte, und den Weizen. Dazu hat er aber eine außerordentliche Bearbeitung des Bodens und sehr viele Düngung nöthig. Um sich diese zu verschaffen, muß er viel Vieh halten, und die davon gefallene Düngung aufs beste sammeln und benutzen. Seine Mistjauchenbehälter haben daher die oberste Stelle, weil er mit dieser Jauche dem Acker sehr geschwind und sehr kräftig zu Hülfe kommen kann, indem diese Lauge des Düngers die Kräfte des als kräftig bekannten Hordenschlages hat. Um recht viele Jauche zu erhalten, hat er 28000 Kubikfuß enthaltende Behälter, wovon ich schon gesagt habe, daß sie mehr vereinfacht, viel höheren Gewinn gewähren würden. Um diese Behälter geschwind zu füllen, ist in jedem Abzuge eines jeden Stalles eine Wasserröhre angebracht, aus welcher durch Oeffnung des Hahns täglich Wasser in die Abzugsrinne gelassen wird. Da sich zu diesem Wasser die Lauge des Mistes gesellet, so entsteht sehr geschwind eine Menge verdünnter Jauche, welche täglich mit einem Strohbesen in die Behälter zu laufen genöthiget wird. Sobald diese Jauche, zu welcher auch noch andere Materialien, z. E. die Kuchen, welche nach Auspressung des Rapsöls zurückbleiben u. dergl. hinzugethan werden, gehörig gegohren hat, wird sie gebraucht, um damit ein abgeschnittenes Kleefeld zu begießen, oder zur Düngung des Krautes, der Gartengewächse u. dergl.

Will indessen der Landwirth viel Vieh halten, so muß er nächst dem Getreide auch hauptsächlich den Futteranbau sich angelegen seyn lassen, und auch dazu muß der Acker gehörig behandelt werden, um ihn zur Erzeugung eines solchen Futters zu gebrauchen, wozu er vermöge seiner natürlichen Beschaffenheit und der erhaltenen Kultur am besten passend ist. So auch unser Herr Fellenberg.

Doch vor allen Dingen ist ein richtiger Fruchtwechsel nothwendig, und zum Behuf dieses sind gewisse Instrumente erforderlich, womit man eine sonst viel Menschenhände und Zeit erfordernde Arbeit auf die geschwindeste Art vollenden kann. Wer das System der englischen Fruchtwechselwirthschaft gründlich studiret hat, wird hieraus sehen, daß diese Grundsätze nicht neues sind, sondern durch lange Erfahrung bewährte; und daß sie nur darum vielen neu scheinen, weil sie in diesem Felde des menschlichen Wissens noch nicht Gelegenheit hatten, sich umzusehen und gehörig zu orientiren. Unter Fruchtwechsel versteht man nämlich die Freiheit, eine Frucht auf einem Acker anzubauen, welche man glaubt, daß sie jetzt der Acker am besten tragen wird *). Im Durchschnitt haben die meisten Aecker eine solche Beschaffenheit, daß sie nicht gern alljährlich Früchte tragen, deren Same zur Reife kommt. Man muß also ein Jahr um das andere Früchte darauf bauen, deren Same nicht reif werden darf, d. h. grüne Futtergewächse. Dadurch entsteht ein Wechsel der Früchte, der aber freilich nur dann statt findet, wenn man völlige Freiheit

hat,

*) Diese Definition des Fruchtwechsels ist doch wohl etwas zu unbestimmt. Th.

hat, den Acker mit einer beliebigen Frucht zu bestellen.

Meistentheils ist die Schaftrift ein Hinderniß; allein dies ist nur dann der Fall, wenn die Schafe einem Fremden gehören, der das Recht hat, auf meinen Aeckern zu hüten. Sobald der Ackerbesitzer aber den Schafknecht befehlen kann, so hört die Schaftrift auf ein Hinderniß der Fruchtwechselwirthschaft zu seyn, und schickt sich recht sehr gut dazu. Ja, es giebt jetzt Fruchtwechselwirthschaften, wo eben hierdurch die Anzahl der Schafe um viele Hunderte sich vermehrt hat.

Ich erwähne dieses Umstandes, daß Schafhaltung und Fruchtwechselwirthschaft recht gut sich zusammen vertragen, nur darum, weil Herr Fellenberg keine Schafe besitzt, welche er auf die Weide treibt, und die wenigen Schafe (40 Stück), welche man auf seinem Hofe findet, hält er in völliger Stallfütterung. Und darin handelt Herr Fellenberg auch sehr klüglich, denn seine Felder sind schon viel zu gut, als daß sie sich verinteressiren sollten, wenn er sich auf Schafweide einschränken wollte. Ein Acker, wo reine Brache und zugleich Schaftrift ist, verinteressiret sich kaum auf 8 Groschen. Aber Hrn. Fellenbergs Feld muß 50 Schweizer-Franken der Acker abwerfen, wenn es sich verinteressiren soll; denn ihm kostet jeder Acker 1000 Franken *). Da nun hievon die Interesse 50 Franken oder 12½ Laubthaler beträgt, so muß ihm nach Abzug aller Unkosten für Saatkorn, Bestellung und Ernte, des darauf haftenden Zehends, und anderer herrschaftlichen Abgaben, noch 12½ Laubthaler reiner Gewinn übrig bleiben.

Dies bringt die Schafweide nicht ein. Herr Fellenberg ist nicht einmal zufrieden, nur eine Ernte von einem Acker zu nehmen; gewöhnlich sucht er zwei Ernten demselben Acker in jedem Jahre abzulocken, wozu ihm das Klima auch, in Verbindung mit einem wohlgedüngten Felde und der energischen Bestellung und Bearbeitung, behülflich ist. Man findet solche doppelte Ernte auch in unserer Gegend, z. E. bei Rudolstadt, Blankenburg, und in den wärmern Strichen des Fürstenthums; allein es ist doch nur auf den wenigsten Feldern solches gewöhnlich. Im Rheingrunde sind die doppelten Ernten schon, vermöge des guten Bodens und des noch wärmern Klima's, als in der Schweiz bei Hofwyl, von mehrerem Belange;

---

*) Versteht sich in der Art, daß der Werth der landwirthschaftlichen Gebäude auf die Aecker repartiret ist. A. d. Verf.

allein Herr Fellenberg hat weniger Unkosten von der Bearbeitung, weil er durch seine Instrumente weit mehr in kurzer Zeit ausrichten kann, als die übrigen durch die Bearbeitung mit Menschenhänden Er kann durch seine Säemaschinen und Pferdehacken geschwinder und wohlfeiler arbeiten, und daher auch die Vortheile der doppelten Ernten im vollern Umfange genießen. Und dazu kommt nun noch, daß er einen weit bessern Fruchtwechsel und eine bessere Feldeintheilung hat, als am Rheine, welches auch wohl die einzige Ursache ist, warum sein Korn und Weizen auf einem von Natur schlechtern Felde weit vorzüglicher ist, als in den besten Rheingegenden.

Freilich erleichtert die Lage des Hofwylschen Feldes die Bearbeitung und Kultur desselben gar sehr. Erstlich liegt aller Acker gleich am Hofe; und zweitens ist er völlig separirt, d. h. er liegt zusammen, ohne daß ein fremdes Grundstück dazwischen sich befindet; und drittens sind die Wege fast eben, und nur kleine Anhöhen und Hügel unterbrechen zuweilen die Ebene. Dies sind erstaunliche Vortheile, die dem Gute freilich einen großen Werth geben. Wie geschwind gehen alle Fuhren, und wie viel größere Wagen können zur Ein- und Ausfuhre gebraucht werden! Wie gut läßt sich ein solches Feld übersehen, und die Aufsicht über die arbeitenden Leute führen! Wie leicht läßt sich der grüne Klee zur Stallfütterung herbeischaffen, und welcher Vorzug bei schlechten und regnichten Ernten ist mit einem so nahen Felde verbunden! Wie viel leichter läßt sich ein zusammenhängendes Feld ackern, und zwar übers Kreuz ackern und eggen, wie viel leichter das Unkraut ausrotten, als da, wo der Acker eines liederlichen Wirths dazwischen liegt! Diese Vortheile und den Umstand, daß es in der Nähe von Bern liegt, kannte freilich Hr. Fellenberg wohl, als er das Gut kaufte, und wie hätte er auch sonst eine so ansehnliche Summe dafür bezahlen können!

Den Umstand, daß das Gut nur eine kleine Meile von Bern liegt, wußte Hrn. Fellenbergs Klugheit dazu zu benutzen daß er im Anfange, um das Feld geschwinder in Vegetation zu setzen, Dünger von da aus kaufte, und das Hofwylsche Feld damit bedeckte. Viele machen es ihm zum Vorwurf; allein welcher verständige Landwirth benutzt nicht solche Vortheile! *). Es ist ein

*) Hrn. F. als Landwirthe war es nicht zu verdenken, daß er Mist aus der Stadt kaufte. Theuer genug kommt zwar solcher Mist, eine Meile weit aus einer großen Stadt herzuholen, wenn man den Aufenthalt

schlechter Landwirth, der ein ausgesognes Feld beüzt, und solche Vortheile unbenutzt läßt, z. E. Lehm, Mergel, Gyps, Ankauf von Asche und Dünger, wenn selbiger nur nicht allzu entfernt herbei zu holen ist. Ein Capital, welches man im Anfange einer nicht Düngung genug besitzenden Wirthschaft in den Acker verwendet, um sich dafür die Würze des Feldes zu verschaffen; ein solches Capital bringt reichliche Interessen und zirkulirt in den folgenden Jahren immer in der Wirth-

---

und die Widerwärtigkeiten berechnet, die bei einer solchen Ausfuhr aus einer großen Stadt vorfallen, wo man allerlei Polizei-Anordnungen gegen dieses bei den Städtern in keiner sonderlichen Achtung stehende Geschäfte zu beobachten hat. Aber dennoch ist der Werth des Düngers zum Aufhelfen eines ausgesogenen Ackers noch immer weit über alle Kosten erhaben. Wollten wir aber annehmen, daß Hr. F. allein die Absicht gehabt habe, eine vollkommne Musterwirthschaft darzustellen, und die Möglichkeit, ein erschöpftes Landgut aus und durch sich selbst in Kraft zu setzen, experimentalisch zu zeigen; so durfte er freilich kein Mittel anwenden, welches in den bei weitem meisten Lagen gar nicht, fast zu keinem Preise, anzuwenden steht. Man wird immer sagen: ihr konntet so etwas bewürken, ich aber nicht, weil ich für keinen Preis thierischen Dünger mir verschaffen kann. Th.

schaft, indem man dadurch die ersten Triebfedern weckt, und in der Folge im Stande ist, mehr verkäufliche Produkte zu erbauen.

Der Umstand, daß Hr. Fellenberg Mist zukaufen konnte, hatte die wohlthätige Folge für ihn, daß er nun bis auf eine so unerhörte Tiefe seinen Acker auflockern konnte. Wer im Stande ist, eine so tiefe Krume durchzudüngen, für den ist das Tiefpflügen von außerordentlichen Vortheilen. Wer aber dazu nicht Gelegenheit hat, der muß langsamer zu Werke gehen, wenn er sich und den Acker nicht ruiniren will. Doch davon in der Folge.

Allein man glaube ja nicht, daß wenn man die englische Fruchtwechselwirthschaft einführen wolle, man nur dieses könne, wenn man Gelegenheit habe, Dünger zu kaufen. Dies ist gar nicht der Fall. Allein gut ist es, man kommt geschwinder zum Ziele, als wenn man auf einem durch die Dreifelderwirthschaft ausgesogenen Felde sich den nothwendigen Dünger selbst verschaffen soll. Da muß man zufrieden seyn, wenn sich der Viehstand und mit ihm der Düngerhaufen nur von Jahr zu Jahr einigermaßen vermehrt. Und schon dazu gehört eine wirkliche Geschicklichkeit und die Benutzung jedes Umstandes, der dazu behülflich werden kann. Hat man aber einmal nach etwa zehn Jahren seinen Zweck erreicht, und die innere Güte des Feldes in der Art verbessert, daß man hinlänglichen Dünger besitzt, dann ist es keine Kunst mehr, die Fruchtwechselwirthschaft zu betreiben, dann sind reiche Ernten eine sehr natürliche Folge.

Und in dieser Verfassung befindet sich jetzt die Landwirthschaft des Hrn. Fellenberg. Er ist jetzt im vollen Besitze der Düngung, deren sein Feld bedarf, und kann davon jährlich doppelte Ernten nehmen, ohne reine Brache zu halten; ja wo andere kaum Hafer bauen, säet er Weizen, und gewinnt das zehnte bis zwölfte Korn.

Es folgt nun die Beschreibung des Fruchtwechsels auf dem Felde des Wylhofes. Meine Leser wissen schon, daß ein Juchart so viel ist, als bei uns ungefähr $1\frac{1}{4}$ Acker zu 160 vierzehnfüßigen Quadratruthen. Das ganze Ackerfeld des Wylhofes besteht aus 200 Jucharten, mit Ausnahme einiger Wiesen, die Hr. Fellenberg aufgebrochen hat, und auch darauf Getreide bauet.

Diese besagten 200 Jucharte hat Hr. Fellenberg in vier Theile getheilt, so daß also jedes Feld aus 50 Jucharten besteht. Es hat demnach Hr. Fellenberg eine vierfeldrige englische Fruchtwechselwirthschaft, und diese hat folgende Fruchtfolge:

1) behackte Wurzelgewächse, und dergleichen Oelgewächse oder Bohnen, und die zweite Ernte besteht aus weißen Herbstrüben.

2) Darauf folgt Sommerweizen mit untergesäetem Klee, als welcher nach der Ernte des Weizens noch gemähet und zu Heu gemacht werden kann, und hierdurch die zweite Ernte bewirkt.

3) Dann folgt der Klee, der jedesmal, wenn er abgeschnitten worden ist, mit Mistjauche gedüngt wird, und dann drei bis vier gute Schnitte giebt.

4) Auf den Klee folgt Spelz, Winterweizen oder Rocken, in deren Stoppel sich entweder untergesäete Möhren befinden, oder es werden in die umgebrochene Stoppel noch Herbstrüben gesäet.

Demjenigen, der diese Art von Wirthschaft nicht genau kennt, will ich noch eine kurze Schilderung dieser Bestellungsart machen.

Wir wollen noch einmal bei dem ersten Felde anfangen, wollen annehmen, dieses habe im Jahr 1806 behackte Früchte getragen, so sind diese im Hofwylschen Felde ungefähr auf folgende Art bestellt worden. Nachdem im Winter vorher das Feld, worauf die Erdäpfel, die Pferdebohnen, der

Hanf, die Möhren, der Raps, die Leindotter, Möhren und Erbsen (denn alle diese Früchte kommen, wohin sich eine jede schickt, in dieses Feld) bestellt werden sollen, 2 Fuß tief gepflügt *) und geegget worden ist, so wird der Dünger aufgefahren, und sobald er auf dem Acker vertheilt worden, wird er in mäßiger Tiefe (denn nun wird nicht wieder so tief geackert) eingepflügt. Nun läßt man das Feld ruhen bis zur Zeit, da eine jede Frucht der oben benannten Arten gesäet werden soll.

Die Erdäpfel werden nicht untergepflügt, sondern mit Hülfe einer Gartenschnur in Reihen gelegt, so daß zwischen den Reihen kreuzweis mit der Pferdehacke und dem Anhäufepflug durchgeackert werden kann. Sie kommen also ziemlich weitläuftig zu stehen. Die Löcher werden mit einer Hacke gehackt, und wenn man noch Mist überflüssig hat, so wird in jedes Loch eine Portion Düngung eingelegt, dann der Erdapfel oben auf und mit Erde bedeckt **). Man läßt sie aufgehen, und dann fängt

---

*) ? ? ? Th.

**) Eine äußerst weitläuftige Methode, die Hr. F. zwar sehr anpreist, wovon er aber wahrscheinlich abgehet, wenn er die meinige kennen lernt, bei welcher ich kaum 1½ Person zum Belegen eines Morgens gesich die Arbeit der Pferdehacke an, die so oft wiederholt wird, als das Land Auflockerung und Befreiung vom Unkraut bedarf. Zur Zeit meiner Anwesenheit in Hofwyl, also Anfangs August, legte man die letzte Hand an ihre Kultur, indem man sie mit dem Anhäufelpflug dicht unter Erde setzte. Im Herbste werden sie mit dem Erdäpfelheber herausgehackt und in die Keller geschafft. Die Ernte soll gewöhnlich sehr reichlich ausfallen, was auch wohl Niemand bezweifeln wird, der ihre Vegetation wahrgenommen hat.

Der Hanf, der Mohn, der Raps und die Pferdebohnen werden auch in Reihen mit der Säemaschine gesäet, und eben so wie die Erdäpfel mit der Pferdehacke behackt. Wenn dieses etlichemal geschehen ist, so werden in die Reihen weiße Rüben

---

brauche, und wobei dennoch die Kartoffeln so genau in Reihen und Quadraten zu liegen kommen, als er es mit seiner Knotenschnur nur bewürken kann. Vormals bediente ich mich jener Methode auch, aber das Exerziren der Menschen, welches der Verf. der Briefe über Hofwyl so rühmt, hat meinen Beifall keinesweges. Wenn die Leute im Takt bleiben sollten, so blieb ein Theil der Löcher gewöhnlich leer, und es zeigte sich in der Folge, besser wie bei dem Feuern der Rekruten, ob die Ladung gehörig geschehen sey. Th.

gesäet *). Im Schatten jener Früchte laufen sie auf, und haben nicht so viel von ihrem Erbfeind dem Erdfloh zu fürchten, als wenn sie allein dem Acker anvertrauet worden wären. Jedoch schienen sie im Raps noch am meisten Schaden gethan zu haben, weil dieser nicht so viel Schatten gewährt **), als der hohe Hanf und die laubichten Bohnen. Sobald diese reif sind, kommen sie vom Felde, und dann steht die Rübe allein da. Sobald die Witterung es erlaubt, wird die alte Bohnen- und Hanfstoppel umgebrochen, vermittelst der Pferdehacke,

*) Unter dem Hanf können doch wohl keine Rüben wachsen? Denn dieser läßt auf Boden, der kräftig genug für ihn ist, überall nichts aufkommen. Th.

**) Raps giebt sonst Schatten genug. Es wird wahrscheinlich wohl Rübsen, welches beides die meisten verwechseln, gewesen seyn. War es aber Winter- oder Sommerrübsen? Unter erstern müssen die Rüben sehr früh gesäet werden. Denn, wenn er in Blüthe tritt, wird man mit der Säemaschine wohl nicht dazwischen kommen können, und der letztere kommt zu spät vom Felde. Unter Bohnen aber, die auf zwei Fuß gedrillt sind, geht es sehr gut; und ich thue es auch, wenn ich keinen Winterweizen darnach säen will. Dieser aber folgt zu vortheilhaft auf die Bohne, und seine Einsaat möchte ich in unserm Klima um der Rübenarten willen, doch nicht verspäten. Th.

wodurch die Rüben mehr Erde und also auch mehr Wachsthum bekommen. Ich habe hierbei nichts zu bemerken, als den Wunsch zu äußern, daß alle diejenigen, welche solche Mohn-, Hanf- und Bohnenkultur noch nicht gesehen haben, Gelegenheit haben möchten, die Schönheit derselben in Augenschein zu nehmen. Hier zeigt sich die größte Kunst des Oekonomen, der fürwahr jeden Gärtner weit übertrifft, wenn er, so wie Fellenberg seine Aecker, mit dergleichen Früchten anbauet. Die Reihen stehen da, ein Halm so weit von dem andern, schnur gerade, wie man die Soldaten in Reihe und Glied stehen sieht, und eine Fülle, daß man sich freuet des Anblicks, der Ordnung, der Reinheit und der Ernte *).

Die Erbsen werden in Winkel gesäet, wo man sonst nichts hinbringen mag, und da sie sehr geil wachsen, und sich niederlegen würden, so pflegt

*) Hanf und Mohn in Reihen gesäet könnte ich dem Hrn. Verf. zwar hier nicht zeigen. Auch glaube ich nicht, daß diese Kultur für erstern paßt, da er des Behackens gar nicht bedarf; andere Früchte aber auf dieselbe Weise in derselben Ordnung und Reinheit könnte er hier allenfalls auf einer Tagereise auf vielen tausend Morgen sehen. Th.

Hr. Fellenberg, und auch andere Schweizer-Oekonomen, sie mit Stangen zu unterstützen.

Die Möhren werden mit der Hand gesäet, und zwar an die Seiten der Gewächse, wo die Pferdehacke wendet. Ihnen schadet die Härte des Feldes und der Druck der Pferde, die darauf hinaehen, weniger als jedem andern Gewächse, darum bringt sie Hr. Fellenberg an die Seiten, und läßt sie mit Handhacken jäten und behandeln.

Auch der Mais, Welschkorn hier genannt, wird in Reihen gesäet, jedoch weitläuftiger, und dann wie die Bohnen behandelt.

Die Leindotter war breitwürfig gesäet, und das Kraut gepflanzt, so wie es in unserer Gegend auch gepflanzt wird, nur mit dem Unterschied, daß es auch in Reihen stand, und die Löcher tiefer waren, damit es sich leicht mit Mistjauche begießen ließe. Eben so Kohl und Kohlrabi. Von Runkel und Kohlrüben habe ich wenig wahrgenommen, indem ihr Anbau, wegen der vielen Herbstrüben unnöthig ist. Wie viel oder wenig Acker man übrigens dieser oder jener der genannten Früchte widmen will, kommt auf die Umstände und den freien Willen des Landwirths an. Hr. Fellenberg hatte den Erdäpfeln, den Bohnen und dem Hanf den größten Raum gewidmet, indem sie wohl ¼ der 50 Jucharte einnahmen.

So wie nun diese Früchte abgeerntet und auch die meisten Rüben vom Felde gebracht sind, wird der Acker, wenn man im Winter Zeit hat, umgeackert, und zwar ebenfalls in mäßiger Tiefe, um den Mist wieder in die obere Krume zu legen. Sobald das wärmere Frühlingswettter den Schooß der Erde aufschließt, so wird mit der Säemaschine und dem dazu gehörigen Apparat der Sommerweizen gesäet, der Klee aber breitwürfig eingestreuet. Denn, obgleich Herr Fellenberg auch eine Maschine zur Saat des Kleesamens vor sich hat, so hat er davon doch noch keinen Gebrauch gemacht, weil er beim Klee an der breitwürfigen Aussaat nichts auszusetzen weiß. Indessen ist es doch angenehm, die Idee einer solchen sehr einfachen Säemaschine für die Kleesaat zu betrachten *).

Da der Weizen sich, ungeachtet seines frechen Wuchses, nicht gelagert hatte, so war der Klee

*) Wenn der Klee über gedrilltes und mit der Pferdehacke angehäuftes Getreide mit der Hand gesäet wird, so kommt er doch genug in Reihen zu stehen und es bedarf keiner Säemaschine, wenn man ihn nachher auch mit der Pferdehacke bearbeiten wollte. Th.

sehr gut bestanden, und erst bei meiner Anwesenheit in Hofwyl kam ein heftiger Sturmregen, welcher den Weizen an vielen Stellen niedergedrückt hatte. Sobald der Weizen mit der Sichel über den Klee *) abgeschnitten seyn wird, bekommt dieser Luft und Sonne, und giebt dann die zweite Ernte. Hr. Fellenberg hoffte von jedem Juchart ein Fuder trocknen Klees zu ernten, also noch 50 Fuder, jedes zu 15 bis 20 Rthlr. Im folgenden Jahre trägt also der Acker Klee gewöhnlich 3 bis 4 gute Schnitte.

---

*) Hr. F. läßt also seinen Weizen, des darunter aufgewachsenen Klees wegen, kurz abschneiden, wie der Verf. auch an einer andern Stelle sagt. Ich glaube nicht, daß sich dieß der Mühe verlohne und rathsam sey. Der Klee ist immer zu einzeln aufgeschossen, und schont man die höchsten Schüsse, so werden diese in Blüthe treten und die untern Blätter zurückbleiben. Stände er allgemein schon stark genug unter dem Getreide, so wäre das übel; denn er würde das Getreide nothwendig unterdückt haben. Uebrigens habe ich mehrere Male bei fruchtbarer Witterung einen so starken Nachwuchs von Klee, ungeachtet das Getreide dicht an der Erde weggemähet war, gehabt, daß ich ihn wohl hätte mähen können; habe dies jedoch nie gethan, weil mir von andern versichert worden, daß der Klee darnach im Winter sehr leide, und habe ihn deshalb nur leicht mit Vieh abhüthen lassen. Th.

Sobald er gemähet ist, kommt der Mistjauchenwagen, ihn zur neuen Ernte mit Würze zu begießen. Auf jedem Mistjauchenwagen ist ein bretterner Kasten eingepaßt, so lang, als der ganze Wagen, so daß ich glaube, jeder Kasten enthalte ungefähr 80 Kubikfuß innern Raum. Die Bretter sind eingefugt und mit eisernen Reifen beschlagen *). In der Mitte des Kastens ist oben eine Oeffnung, um die Jauche, welche aus dem Behälter geplumpet wird, durch eine Rinne in den Kasten zu leiten. Auf einer Seite ist unten am Kasten eine kleine Oeffnung mit einem Zapfen, die Jauche unten herauszulassen, um sie in einem untergestellten Trog aufzufangen. Dieser Vorrichtung bedient man sich, wenn man den Kohl oder Gartengewächse begießen will; allein beim Klee würde dieses zu langweilig seyn. Hierzu ist am hintern Ende des Kastens eine Oefnung angebracht, und unter ihr ruhet ein Brett an zwei Ketten. Auf dieses

*) Diese Einrichtung ist vielleicht bequemer, als die gewöhnliche mit einer großen Tonne, auf deren Spundloch man bei dem Einpumpen der Gauche einen Trichter setzen muß. Aber ich besorge, daß solche offne Kasten, auf unebnen Stellen leicht überschütten werden.

Th.

ses Brett, welches auf beiden Seiten mit Leisten versehen ist, oben 1½ Fuß und unten 2 Fuß breit in schiefer Stellung steht, fällt die Jauche, und fließt von da einem Strom ähnlich auf den Acker, in einer Breite von 2½ Fuß. Während die Jauche herabströmt, fährt der Knecht etwas scharf fort, und so wässert diese einfache Vorrichtung eine lange Linie des Kleestücks. Da die Jauche gehörig vergohren hat und mit Wasser verdünnt ist, so hat man nicht zu fürchten, daß sie bei heißer Witterung den Kleewuchs verbrennen werde, im Gegentheil sieht man bald den Klee freudig wieder heranwachsen.

Sobald der Klee abgetragen hat, und die Witterung es erlaubt, doch nach dieser fragen die Pflüger des Hrn. Fellenberg nicht viel *), wird die Kleestoppel umgebrochen, und zwar in solcher Tiefe, als die Kleewurzeln es nothwendig machen. Sie müssen nämlich so zu liegen kommen, daß die Spitze der Wurzel senkrecht in die Höhe steht, wodurch ihre baldige Verwesung bewirkt wird **). Ist

*) Unter dichtem Klee wird der Boden — es sey denn, daß man ihn abweidete — nie so hart, daß man ihn nicht immer mit einem guten Pfluge zwingen könnte.
Th.

**) Weit besser aber geschieht es mit dem Schnitt-

Düngung vorhanden, so wird vorher noch gedüngt *); indessen sieht jeder ein, daß unter den obwaltenden Umständen eine reiche Ernte im Korn und Weizen zu erwarten steht, wenn auch keine neue Düngnng aufgefahren werden könnte. Gegen Michaelis wird Spelz, Rocken und Weizen, so viel wie ich weiß, mit der Säemaschine ausgesäet. Die Arbeiter des Hrn. Fellenberg haben es in der Fertigkeit, mit der Säemaschine zu säen, schon sehr weit gebracht. Anfangs hatten sie zu thun, wenn sie täglich 7 Jucharte mit der Säemaschine besäen wollten, jetzt besäen sie noch einmal soviel Flächeninhalt. Die Linien sind sehr gerade, und in der Mitte bleibt ein leerer Raum von 3 Zoll **), den man aber im folgenden Jahre, wo die Frucht den Acker bedeckt, kaum noch gewahr wird ***).

---

pfluge, Trench-plough oder Rasenschneider, der auf der achten Tafel des zweiten Hefts meiner Beschreibung der Ackergeräthe abgebildet ist. Er bedeckt die umgekehrte Kleewurzel mit lockerer Erde. Th.

*) Dies kann, wenn der Klee im kraftvollen Boden gesäet ist, leicht Lagergetreide geben. Th.

**) Muß wohl 8 oder 9 Zoll heißen. Bei 3 Zoll bliebe gar kein Raum zum Pferdehacken. Th.

***) Ich weiß nicht, von welcher Säemaschine hier

Auf die Rocken- und Weizenstoppel werden, nach Umpflügung des Ackers, die in möglichster Eile bewirkt wird, die genannten Herbstrüben ausgesäet.

Dieser Fruchtwechsel bewirkt, in Verbindung mit der sorgfältigen Behandlung des Feldes und der dadurch erzielten Düngung, eine solche Kraftfülle auf dem Felde zu Hofwyl, daß Hr. Fellenberg gewiß auf das zwölfte Korn in jeder Frucht Rechnung machen kann, und im Spelz, der, vermöge seiner Hülse, sehr ergiebig ist, wohl das vierundzwanzigste Korn, wenn man nämlich die Aussaat nicht nach der Säemaschine, sondern nach breitwürfiger Saat berechnet. Doch von der Ernte in der Folge. Die Vortheile, die daraus erwachsen, wollen wir sogleich auseinander setzen.

---

die Rede ist. Die Cookesche kann es wohl nicht seyn, weil diese zum Kleesäen ebenfalls eingerichtet ist, und der Verf. sagt, daß Hr. F. dazu eine besondere habe. Die Ducketsche, die nach meiner Verbesserung im 2ten Hefte der Beschreibung meiner Ackergeräthe abgebildet ist, kann es auch nicht seyn; weil er damit so viel in einem Tage nicht würde bestreiten können. Vermuthlich ist es also meine neue Säemaschine, die im dritten Hefte meiner Ackergeräthe abgebildet ist, und die Herr Engelke in Hannover verfertigt. Th.

Ob Herr Fellenberg diese Wirthschaftsart in vier Feldern selbst erfunden, oder aber sie zuerst von England auf das feste Land herübergebracht habe? Nicht doch, sie ist längst bekannt, längst in Deutschland eingeführt gewesen, z. B. auf den Gütern des Herrn Geh. Rath von Wolf in der Mark Brandenburg *). Allein da diese vierfeldrige Fruchtwechselwirthschaft auf viele Güter und na-

*) Auf den Gütern des seeligen Geheimenrath von Wolf, die mit dem meinigen grenzen, und deren Bewirthschaftung er selbst ausführlich beschrieben hat, ist diese oder eine ähnliche Wirthschaft nie eingeführt gewesen. Sie sind in einem reinen Mecklenburgschen eilfschlägigen Systeme bewirthschaftet worden. Man hat aber nachmals einen sehr starken Kartoffelbau zur Ochsenmast damit verbunden, und geht nun allmählig zur Regel der Fruchtfolge über. Ich weiß übrigens nur ein einziges Beispiel, wo jene vierfeldrige Wirthschaft auf einem größern Gute eingeführt worden. Dies ist bei dem Herrn von Zülow auf Dahlwitz, 2½ Meile von Berlin. Der Herr Kriegsrath Scharnweber auf Lichtenberg hat sie zwar beinah, bindet sich aber nicht genau daran, da er immer die enorm große Zufuhr von Dünger aus Berlin haben kann. Noch hat sie der Herr Reichsgraf von Finkenstein auf Madlitz, aber nur auf kleinern Koppeln, schon seit zwanzig Jahren. Th.

mentlich auf sehr große Güter gar nicht paßt, da es viel bessere Arten des einfachen Fruchtwechsels gibt, so hat man sie wieder abzuschaffen für nöthig geachtet. Insonderheit hat man folgenden Tadel daran gefunden:

1) Ist in den großen Feldmarken die Anzahl der im Herbst umzupflügenden Kleeäcker zu groß. Man kann es bei eintretendem trocknen Herbstwetter nicht erzwingen, sie alle noch zur Saat vorzubereiten.

2) Der Klee kommt zu oft auf einen und denselben Acker, indem nach Verlauf von zwei Jahren schon wieder Kleesamen darauf gestreuet wird. Der Acker wird des Klees müde, und giebt schlechte Ernten *).

3) Alle behackten Früchte kommen in einem einzigen Schlage zusammen, und zwar müssen auch solche dahin kommen, die einen ganz andern Fruchtwechsel in Hinsicht der folgenden Frucht verlangen. So kann man z. B. nach behackten Bohnen recht füglich Weizen als Winterfrucht bauen. Allein in der vier-

---

*) Daß es mit dem Müdewerden bei mäßig tiefem Pflügen, nur alle vier Jahr einmal wiederholt, nichts zu bedeuten habe, ist nun durch genugsame Erfahrung bestätigt. Th.

feldrigen Wirthschaft kommt Sommerfrucht auf das Bohnenfeld. Dieses gefällt nicht allen *).

4) Auch glaubt man sich bei andern Fruchtwechseln mehrere Vortheile für den Getreidebau versprechen zu dürfen. Es ist in der That zu wenig Spielraum für wirkliches Getreide, da nur die Hälfte mit dergleichen Frucht bestellet wird. Insonderheit würde diese Fruchtfolge für uns an wenigen Orten Beifall finden, weil der Haferbau gänzlich fehlt.

5) In sehr guten Feldern würde die Kleesaat oft leiden, wenn in fruchtbaren Jahren das Getreide sich lagert und dadurch den Kleewuchs erstickt, indem man glaubt, daß unter solchen Umständen die Vegetation gar zu groß seyn müsse.

Deßwegen, sagte ich, hat man diese vierfeldrige Wirthschaft hie und da wieder abgeschafft. Und in der That, die besagten Vorwürfe haben in vielen Lokalitäten ihre völlige Richtigkeit. Allein

---

*) Nach Bohnen wäre dieß auch in der vierfeldrigen Wirthschaft keinesweges nöthig. Ich habe immer Weizen darnach gesäet, wie ich vormals diese Wirthschaft trieb, auch auf Boden, der sonst durchaus keinen Winterweizen trug. Th.

auf Herrn Fellenbergs Wirthschaft passen sie nicht; in dessen Localität ist zur Zeit diese Wirthschaftsart ohne allen Tadel, und man sieht hieraus, daß jedes Land- und jedes Ortsverhältniß eine andere Art des Fruchtwechsels und der Feldbehandlung verlangt, und daß die größte Klugheit des Oekonomen sich darin zeige, jeder Lokalität den für sie am besten schicklichen Fruchtwechsel zu geben. Doch ich muß es erst beweisen, daß zur Zeit die genannten Vorwürfe Herrn Fellenbergs Terrain nicht treffen.

Seine Wirthschaft unterscheidet sich nehmlich von allen andern mir bekannten durch die doppelten Ernten, die er mit Zuziehung seiner Instrumente dem Felde abzugewinnen sucht, in Verbindung mit der sehr tiefen Art zu pflügen. Die doppelte Ernte und die sehr tiefe Pflugfurche schützen Hrn. Fellenberg vor allzugroßer Geilheit des Bodens und vor dem Lagern der Früchte, und zugleich dafür, daß das Land des Kleewuchses nicht so leicht überdrüßig wird. Ist die obere Krume zu leicht, so bringt er eine zweite und dritte hervor, die in den verflossenen Jahren keine Kleewurzel berühret hat. Und der Vorwurf, daß nach Bohnen besser Winterfrucht zu bestellen wäre, setzt Hrn. Fellenberg nicht in Unruhe, weil er sich ohnehin nicht genau nach den allgemeinen Regeln richtet. Er säet Winterfrucht, wo Sommerfrucht der Regel nach gesäet werden sollte und umgekehrt. Ja er säet sogar zuweilen den Sommerweizen schon im Herbst und den Winterweizen erst später, wenn andere schon Sommerweizen bestellen würden *). Und der Meinung, als ob im Herbste des Kleefeldes zu viel umgerissen wäre, und als ob dieses besonders in trocknen Herbsten beschwerlich und fast unmöglich sey, weiß Hr. Fellenberg schon durch den kraftvollen Bau seiner Pflüge und durch seinen Pferdezug zu entgehen, wo er nicht leicht in Verlegenheit kommt, als ob der Acker nicht brechen würde. Durch seine Pflüge ackert er Felsen um, wenn ich mich dieses bildlichen Ausdrucks bedienen darf.

Und endlich ist Hr. Fellenberg auch nicht so sehr von seiner Vierfelderwirthschaft eingenommen, daß er nicht einen andern Wechsel wählen sollte, wenn er denselben für zuträglicher hielte. Er sagte mir ganz kaltblütig, als ich meine Bedenklichkeit für den zukünftigen Kleewuchs äußerte, daß er in die-

---

*) Davon sehe ich den Grund doch nicht ein. Warum will Hr. F. die Natur bei den Weizenarten umkehren? Th.

sem Falle, den er aber nicht zu besorgen Ursache habe, sogleich mit Leichtigkeit in die achtfeldrige Wirthschaft übergehen könne. Darum ist ja eben die Fruchtwechselwirthschaft so empfehlungswerth, weil hier völlige Freiheit statt findet, bloß nach Bedürfniß, nach Ueberlegung und nach Verhältniß der Witterung seine Feldbestellung und Eintheilung einzurichten. Alle Leisten hören auf, die die in sich bestimmte Dreifelderwirthschaft aufleget. Hier ist das Feld, wo der ökonomische Geist einen weiten Spielraum seiner Thätigkeit hat, wo er sich nicht nach hergebrachten Formen, sondern bloß nach der Ueberzeugung „so ist's am besten“ zu richten hat.

Warum er keinen Hafer bauet? Weil er das Feld zu Weizen und Spelz besser brauchen kann, und dann futtert er seinen Pferden auch keinen Hafer, bedarf seiner also auch nicht. Den Vorwurf, als ob er nur zur Hälfte sein Feld mit Getreide anbaue, widerlegt er dadurch, weil er den fast größten Theil des Schlags zu behackten Früchten mit Bohnen ansäet, die bei ihm ein verkäufliches und gesuchtes Produkt sind.

Ob Hrn. Fellenberg's Wirthschaftsart an andern Orten auch anwendbar sey? Diese Frage beantworte ich hier vorerst im

Allgemeinen, ohne mich auf ein besonderes Terrain einzulassen, und zwar dahin:

Verständige Oekonomen sind durch die Natur dieser Wirthschaftsart und durch darin gemachte Erfahrungen in der Gewißheit ihres Urtheils darüber, wozu Herrn Fellenberg's Landwirthschaft auch einen Belag gibt, so weit gekommen, daß man den Satz für richtig annehmen kann, daß Fruchtwechselwirthschaft an allen Orten anwendbar ist, wo die Menschen sich nicht selbst Fesseln anlegen. Nur ein in Kenntnissen eingeschränkter Mensch kann die Meinung äußern, es passe Fruchtwechselwirthschaft nicht für jeden Grund und Boden, die Landesart sey nicht an allen Orten dazu vorhanden, das Klima lege Hindernisse in den Weg, u. dergl. Menschen können sie verhindern, politische Verfassung, alte Rechte, Mangel an Menschen und schlechte Lage, Entfernung der Aecker können sie weniger einträglich machen; Nachbarschaft großer Städte, Lage an wiesenreichen Flüssen, sehr reicher Boden können den Fruchtwechsel modifiziren, ihn vielleicht einer guten Dreifelderwirthschaft oder gegentheils der Koppelwirthschaft näher bringen; allein immer bleibts Fruchtwechselwirthschaft, wenn man mit diesem Worte die richtigen Begriffe verbindet.

Unter Fruchtwechsel versteht man einen solchen Wechsel der Früchte, wie man glaubt, daß der Acker am besten und vollkommensten sie tragen werde. Gewöhnlich ist ein Wechsel zwischen Getreide und Futtergewächsen empfohlen worden, weil die meisten Landgüter nur dann, wenn dieses geschieht, gute Früchte bauen können.

Allein kann man durch Ortsverhältnisse genöthiget, gewisse Früchte auch unter andern Umständen gut und vollkommen bauen, wer wirds wehren! Durch Freiheit in der Wahl soll sich eben die Fruchtwechselwirthschaft vor allen andern Systemen auszeichnen. So wie ein kluger Gärtner wählet, so soll auch der Oekonom für den großen Garten wählen dürfen *). Darin besteht das Wesen der Legionen verschiedene Gestalten haben-der Fruchtwechselwirthschaften, wie wir sie von dem Engländer gelernt und auf unser Klima anwendbar gefunden haben. Ich muß die Wahl haben

*) Ein Oekonom hat aber ganz andere Rücksichten, wie ein Gärtner zu nehmen. Dieser kauft seinen Dünger, jener muß ihn selbst erzeugen. Und darin liegt eigentlich der Grund der mannigfaltigen Wirthschafts-Systeme und die Nothwendigkeit, an ein gehörig abgemessenes und den Ortsverhältnissen anpassendes System fest zu halten. Th.

können; diese habe ich bei der Dreifelderwirthschaft nur in einem höchst eingeschränkten Sinne, auf eine höchst unvollkommene Weise.

Allein nun fragt es sich, ob die Fellenbergische Vierfelderwirthschaft aller Orten passend sey und anwendbar? Es folgt schon aus dem, was ich bis jetzt gesagt habe, daß wir uns keine Leisten geben lassen, auch Fellenbergs Leisten ist kein Leisten für alle Füße. Jeder anderer Fuß hat einen andern Leisten, und so auch jedes andere Gut. Allein die Anwendbarkeit seiner Grundsätze im Allgemeinen, abgeändert und modifizirt nach Ortsverhältnissen, mit einem Worte, das von Fellenberg genommen, was dem System der Fruchtwechselwirthschaft entspricht, das ist aller Orten anwenbar; alles einzelne nicht: wenigstens erst problematisch, indem man darauf nicht antworten kann, man habe denn zuvor ein Gut, besonders in Hinsicht auf Klima, Boden, Bedürfnisse, Verhältnisse und auf alles untersucht, was und wie es da und vorhanden ist. Erst dann läßt sich bestimmen, was von Fellenbergs einzelnen Wirthschaftseinrichtungen auf dieses namentliche Gut anwendbar oder nicht anwendbar sey.

Aber worin besteht denn das allgemeine Princip von Fellenbergs Wirthschaft und der Fruchtwechselwirthschaft? Bloß und allein in dem Worte: „Freie Wahl.“

In Gärten hatte man längst den Grundsatz der Freiheit. Im kleinsten wie im größesten fand ein gewisser Wechsel statt, der sich theils auf die natürliche Tragbarkeit des Bodens, theils auf die Bedürfnisse des Gärtners, theils auf Nebenumstände gründete. Es war Thatsache, daß man da weit glücklicher im Anbau der Früchte sei, wenn man eines vernünftigen Wechsels der Früchte sich bediene und jeden Ort dazu benutze, wozu er sich am besten schickt. Bald Kraut, bald Gurken, bald Bohnen, bald Zwiebeln, so wie Erdlagen, Düngung, Unkrautsamen, Schatten, Luft und Sonne es als zweckmäßig empfahlen. Man hält keine Brache im Garten, und nimmt oft zwei Ernten von demselben Fleck.

So will Fellenberg und jeder Fruchtwechselwirth auch auf seinem Acker wirthschaften, und darnach bestimmt er die Art der Früchte, wie sie in jedem Lande, in gutem oder magern Boden, in nahen oder entfernten, hitzigen oder nassen Aeckern am besten wuchern. Hat er Düngung nöthig in seinem ausgesogenen Felde, so bauet er viel Futtergewächse. Hat er Weide nöthig, so säet er dazu Kräuter an. Hat er keine Düngung in hohen Maaße nöthig zu bewirken, kann er sie kaufen, trägt sein Acker ohne unser Verdienst, so bauet er mistfressende Gewächse, z. B. Oelsaaten, Getreidesaaten, Färbegewächse, Tabak in dem Verhältnisse an, als sein Land es erlaubt.

Leider will jetzt jeder darüber absprechen, allein ehe man über diese Wirthschaft urtheilen und mit scheelen Seitenhieben sie verfolgen wollte, sollte man erst in den Geist derselben eingedrungen seyn. In dem todten Buchstaben kann sie der stumpfe Sinn nicht fassen.

Da nun aber Herr Fellenberg diese Wirthschaftsart nicht erfunden hat, so hätte er sich nicht damit so sehr brüsten sollen! Wer kann es ihm verdenken, wenn er sich seiner neuen Schöpfung freut? Das stille Verdienst wird nicht geschwind genug anerkannt, wie Herr Fellenberg es zum Besten seines Vaterlandes wünschen mochte. Uebrigens gereicht es dem Hrn. Fellenberg gar nicht zur Schande, daß er die bei ihm eingeführte Vierfelderwirthschaft nicht selbst erfunden, sondern nur nachgeahmt hat. Denn immer bleibt es sein eigenes Verdienst, unter den vielen in der Oekonomie bekannten möglichen Verbesserungen und Legionen Arten von Fruchtwechseln, alles dasjenige ausgewählt zu haben, was, wie nun die Sache zeigt, für sein Lokale am passendsten ist. Er hat unter den vielen Möglichkeiten gerade das herausgesucht, was sowohl einzeln als im Zusammenhange des Ganzen realisirbar und vortheilhaft ist. Eben so, wie ein geschickter Speisewirth für das heutige Gastmahl solche Speisen wählt, solche Zubereitungen und Zusammenstellungen macht, wie sie dem lüsternen Gaumen und dem ordnenden Auge gefällig sind, und es sich nicht zum Verdienst anrechnet, die gezeigten Formen erfunden zu haben; so wird auch der Landwirth Ehre und Lob haben, der zuerst in einem Lande anfängt, die besten Formen des Landbaues auf sein Terrain überzutragen. Und sollte ja Hr. Fellenberg hie und da einen Fehler begangen haben oder begehen, so trete der auf, der ohne Fehler ist. Es ist leichter tadeln, als besser machen.

Auf alle Fälle ist die gute Sache von Hofwyl etwas zu sehr übertrieben worden, sowohl durch den Enthusiasmus des Hrn. Fellenberg selbst, als durch die erstaunte Ueberraschung, womit einige reisende Landwirthe bei Betrachtung von Hofwyl entzückt wurden, und ihre Bewunderung der neugierigen Welt kund thaten.

Lasset uns also sehen, ob die Vortheile wirklich so groß sind, welche Herr Fellenberg aus seiner Wirthschaft ziehet. Es ist freilich schwer, den reinen Gewinn auszumitteln, den eine so sehr zusammengesetzte Maschine zur Ausbeute giebt. Es ist nöthig, genau zu wissen: was ist Aufwand, was Ernte und Einnahme; allein dazu gehört eine mehr fortdauernde Beobachtung, als der kurze Zeitraum einem Reisenden zu Theil werden läßt. Wir müssen uns da größtentheils auf die Angaben des Besitzers und seiner Leute verlassen, jedoch ihre Angabe mit dem Auge eigener Erfahrung zusammenstellen, ob Wahrheit oder Uebertreibung zum Grunde liege.

Wir wollen erstlich sehen, was Hr. Fellenberg selbst von den Vortheilen sagt, welche seine Wirthschaft gewähren soll. Wir finden in seinen landwirthschaftlichen Blättern eine merkwürdige Berechnung aufgezeichnet, S. 127. Wir wollen sie hier ausheben. Es ist von einem Juchart Land die Rede, welche 40,000 □Fuß Flächeninhalt hat. Vorerst sind die Kosten angezeigt, welche zu einer vierjährigen Bestellung und Aberntung einer solchen Fläche erforderlich sind. Dann ist die Ernte, der reine Gewinn, und endlich die Vergleichung zwischen dem reinen Gewinn der althergebrachten Wirthschaftsweise und der vollkommnern Bestellungsart, von Hrn. Fellenberg selbst aufgezeichnet. Ich schreibe wörtlich, jedoch mit Reduzirung der Münze.

Auf-

Aufwand.	Thlr	Gr.	Pf.
Eine vierjährige Düngung auf das Feld zu schaffen und sie zu verzetteln	5	5	—
Den Mist einzupflügen, das Feld zu eggen, zu walzen und zu pferdehacken	3	1	—
Die Bohnensaat zu bestellen, sie dreimal zu pferdehacken, zu ernten und zu dreschen .	5	10	—
Die Rübsaat in die Bohnen zu bestellen, sie nach der Bohnenernte dreimal zu bepferdehacken, die Rüben zu ziehen und abzuschneiden	8	—	—
Anfangs, im Laufe oder zu Ende des Winters mit 6 Häuptern tief zu ackern	2	22	—
Zu eggen, zu walzen und zu pferdeackern, alles mit 2 Pferden	1	4	—
Drei Mäß Sommerweizensamen mit der Sädemaschine auszusäen	2	17	—
Die Kleesaat zu bestellen	4	4	—
Den Weizen über dem Klee hinwegzuschneiden	2	2	—
Die Stoppel-Heuernte einzuscheuern . . .	1	6	—
Den Weizen zu dreschen	2	8	—
Den Acker zu gipsen und ihn viermal mit Jauche zu begießen *)	4	14	—

*) Von dieser Behandlung des Klees, wo er schon in kräftigem Boden gesäet worden, habe ich keinen Be-

	Thlr	G.	Pf.
Den Klee wieder aufzubrechen	2	2	—
Das Feld zu eggen, zu walzen und zu pferdehacken, wie oben	1	4	—
8 bis 12 Mäß Dünkel auszusäen, höchstens .	4	9	—
Zu ernten und zu dreschen	4	10	—
20,000 □Schuh mit Möhren zu besäen, und diese mit Pferdehacken u. s. w. bis zur Verfütterung zu besorgen, in allem . . .	6	10	—
Auf die andere Hälfte unsers Juchарts die Rübensaat gleicher Weise bis zur Verfütterung zu bestellen	5	10	—
Summa des Aufwands, den die neue Kultur in 4 Jahren erheischt	66	18	—
Ihr Ertrag in dem gleichen Zeitraume beträgt hingegen nach unserer bisherigen Erfahrung:			

griff. Der Klee muß darnach so übermäßig geil werden, daß er unten faulen würde, wenn man ihn nur bis zum Ausbruch der Blutknospen stehen ließe. Herr F. schneidet ihn nun freilich vier und mehrere Male: aber ich weiß nicht, ob ich das für vortheilhaft halten soll. Dann habe ich bei diesem Begießen mit Gauche auch das Bedenken, daß er dem Vieh dadurch zuwider werden möchte; der Geruch kann sich in der kurzen Zeit seines Wachsthums nicht verlieren. Wie sehr dem Vieh seine eigne Auswürfe anekeln, ist bekannt. Th.

	Thlr.	Gr.	Pf.
Bohnen von 80 bis 120 Mäß im Durchschnitt	83	8	—
Brachrüben, wenigstens	33	8	—
Weitzen von 60 bis 100 Mäß im Durchschnitt	66	16	—
In Stoppelheu, drei Klafter zu 3 Thaler 8 Gr.	10	—	—
In Klee 4 bis 6 Schnitt	41	16	—
In Winterkorn von 15 bis 18 Mütt im Durchschnitt	70	20	—
In Möhren zu 1000 Mäß auf den Juchart, von der Hälfte, zum Verfüttern, wenigstens .	20	20	—
In Rüben 1600 Mäß auf den Juchart zu rechnen, von der Hälfte, auch zum Verfüttern; wenigstens	16	16	—
In allem	343	8	—
Davon müssen abgezogen werden:			
Für die Kulturkosten . 66 Thl. 18 Gr. Für den Zehnten . . 22 — 2 — Für den Landzins . . 16 — 16 — Für Schiff und Geschirr 41 — 16 —	147	4	—
Es bleiben also nun von 4 Jahren . . .	196	4	—
Folglich reiner Gewinn für jedes Jahr . .	49	1	—

Da bei dem vorgenannten Abzug auch der Landzins, d. h. die Interessen des Capitals, wofür der Juchart gekauft worden ist, zu 4 Prozent mit in Anschlag gebracht worden sind, so würde weiter nichts mehr fehlen, als die Interesse dessen, was an Kapitalvermögen in Schiff und Geschirr, und in den landwirthschaftlichen Gebäuden *), im Verhältniß dessen, was davon einem Juchart zur Last fällt, um die 49 Rthlr. 8 Gr. einen wirklichen reinen Ertrag zu nennen.

Wenn wir nun annehmen, daß Hr. Fellenberg von einem Juchart 49 Rthlr. 8 Gr. reinen Gewinn hat, so hat er von 200 Jucharten, die er bewirthschaftet, die jährliche Summe von 9866 Rthlrn. 16 Gr. reinen Gewinn nach Abzug aller angewandten Wirthschafts-Unkosten **).

*) Die Kapitalszinsen werden wohl oben schon mit berechnet seyn. Aber das eigentliche Betriebskapital oder dessen Zinsen kommen hier noch in Betracht, und dies kann wohl nicht geringer nach vorstehender Berechnung als zu 10000 Rthlr. angenommen werden, wovon, als Betriebskapital, wenigstens 10 pCt. Zinsen erfolgen müssen. Th.

**) Ich glaube nun wohl, daß Hr. F. von dem Hrn. Verf., so wie von manchen andern, mißverstanden wird. Er hat nur die Möglichkeit zeigen wollen von dem, was aus einem so kultivirten Acker herauskommen könne, und auch wirklich ein oder anderes Jahr erfolge. Aber er hat zu viel gesunden Verstand, um dies allgemein anzunehmen; und wenn er auch an einer

Und gesetzt auch, Hr. Fellenberg wäre noch nicht ganz so weit; gesetzt er wäre nur erst halb so weit in der Kultur seines Wylhofes vorwärts gekommen; so wäre doch jährlich der Ueberschuß von 5000 Rthlr. vorhanden, wobei noch an den Ertrag der Wiesen gar nicht gedacht ist.

Wie stimmt aber dieses mit Herrn Fellenbergs Ansprüchen auf die Hülfe des Staats? Warum fordert er dessen Unterstützung, wenn er schon selbst jährlich einen Ueberschuß von 5000 Rthlrn. hat *)?

Stelle sagt, daß weder nasse noch trockne Witterung, weder Mäuse noch Schnecken, weder Würmer noch Ameisen, Engerlinge u. s. w. bei seiner Kultur schaden können, so ist das als eine Uebertreibung anzusehen, die man seinem Enthusiasmus zu gute halten muß. Ueber den Zufall kann sich der Landwirth nie erheben, und er muß bei Durchschnittsanschlägen darauf Rücksicht nehmen. Th.

*) Er fordert diese Unterstützung, so viel ich verstehe, doch auch nur in Ansehung seines Unterrichts-Instituts und seiner experimentalischen Unternehmungen. Auch scheint es, daß er die Regierung deßhalb für seine Wirthschaft interessiren will, damit solche noch nach seinem Tode bestehen könne, ohne lästig für seine Familie zu werden. So erkläre ich mir wenigstens das, was er, ohne sich deutlich auszusprechen, darüber sagt. Th.

Muß dieser Widerspruch nicht Mißtrauen in Hrn. Fellenbergs ganze Sache zu Wege bringen? Welchem Oekonomen sind so sehr die Augen geblendet, daß er nicht diesen Vorhang wegzuziehen vermöge?

Also weg mit solchen Uebertreibungen, da wo man die ganze Welt auffordert, die Sache zu besehen und darüber zu urtheilen! Die Wahrheit kommt früher oder später an den Tag, zumal wenn man genöthiget ist, auf fremde Hülfe Anspruch zu machen.

Mit dergleichen übertriebenen Angaben werden die Feinde eines verbesserten Feldbaues nicht besiegt, sondern es werden ihnen die Waffen gegen uns in die Hand gegeben. Das wirklich geleistete Gute, welches einige in Bewunderung setzt, wird verkannt, ja zum Spott, und man wirft nur gar zu leicht mit der angeekelten Hülse auch den innern edlen Kern hinweg. Mag es seyn, daß bei den allertheuersten Getreidepreisen einmal auf 40000 Quadratfuß, d. i. $1\frac{1}{4}$ Acker für 83 Rthlr. 8 Gr. Pferdebohnen und noch in demselben Jahre für 33 Rthlr. 8 Gr. Brachrüben erbauet worden sind. Im Durchschnitt der Preise fällt die Angabe gewiß auf die Hälfte herunter, und wozu nüzt dann die Prahlerei. In Deutschland weiß man recht gut, was die Möglichkeit nur immer bewerkstelligen läßt; und mit englischen Guineen spielt man weder in Deutschland, noch in der Schweiz.

Ich habe oben gesagt, daß ich die Weizenernte des Herrn Fellenberg aufs 12te Korn, und die Dünkelernte aufs 24ste Korn geschätzet habe; und zwar rechne ich da noch der stärksten Aussaat, wo man 2 Berliner Scheffel *) auf den Juchart von 40000 Quadratfuß an Weizen säet, und eben so viel vom Dünkel. Rechnet man aber den Dünkel nach seiner natürlichen Aussaat, wo man $3\frac{1}{4}$ Berliner Scheffel auf 40000 Quadratfuß säet, so ist die Ernte auch nur das 14te bis 15te Korn. Beiläufig muß ich zum Verständniß der Fellenbergischen Berechnung bemerken, daß Hr. Fellenberg unter Winterkorn den Spelz, oder, wie man am Rhein sagt, den Dünkel (Triticum Spelta) versteht, wie dieses in der Schweiz überall gewöhnlich ist. Man darf aber damit unsern Dünkel oder Triticum monococcum **), welchen man in der

*) Zwei Berliner Scheffel werden doch wohl selten auf $1\frac{1}{3}$ Morgen ausgestreuet. Der Hr. Verf. scheint bei seiner Reduktion auf die Verschiedenheit des Fußes nicht geachtet zu haben, die einen beträchtlichen Unterschied im Ganzen macht. Th.

**) Also ist der Thüringische Dünkel das Einkorn? Th.

Schweiz Einkorn und in Schwaben Haarkorn nennt, nicht verwechseln. Ich selbst verstehe hier unter Dünkel den Spelz, also Triticum spelta, als diejenige Frucht, womit Hr. Fellenberg das Winterfeld fast ganz besäet. Doch findet man auch etwas Rocken, Winterweizen und Wintergerste in Hofwyl. Ferner ist zu bemerken, daß ein Mütt so viel ist, als $3\frac{1}{4}$ Berliner Scheffel *). Ein Mütt Dünkel und Hafer hält 12 Mäß, ein Sack Rocken und Weizen aber hat nur 10 Mäß. Man nennt dieses glatte und jenes rauhe Frucht. Der Dünkel wird erst dann glatte Frucht oder Kern genannt, wenn die äußere Hülse in der Mühle abgebrochen worden ist. Gewöhnlich erhält man von 12 Mäß rauher Dünkelfrucht 5 Mäß glatte Frucht oder Kern aus der Mühle zurück, und nun ist der Dünkel brauchbar, ihn auf den Markt zum Verkauf zu senden, wo er gewöhnlich etwas theurer ist, als der beste Weizen.

Dieses vorausgesetzt, muß ich nun zur Steuer der Wahrheit und zur Ehre des Hrn. Fellenberg bemerken, daß derselbe in der vorhin dargelegten Berechnung auch nicht mehr angesetzt hat, als

*) Es ist nicht so viel: verglichen obige Reduktion. Th.

den Betrag des 12ten Korns vom Weizen und des 15ten vom Dünkel; denn er rechnet auf den Juchart 24 Berliner Scheffel Weizen *) und 50 Scheffel Dünkel im Durchschnitt, und den Scheffel Weizen setzt er im Durchschnitt zu 2 Rthlr. 18 Gr. an, als welches auch in der Schweiz, wo $\frac{1}{3}$ des Getreidebedarfs aus dem Auslande gekauft werden muß, nicht zu theuer ist, weil er oft in Deutschland noch einmal so viel gekostet hat. Hiermit wäre ich also völlig zufrieden.

Allein es dürfte nun Jemand gegen Hrn. Fellenberg aufstehen und sagen, wenn in Hofwyl nicht mehr, als das 12te Korn erbauet wird, so ist ein solcher Ertrag gar nicht werth, daß davon so viel Aufhebens gemacht wird, dies bauen wir in der Dreifelderwirthschaft hiesiger Gegend ohne alle künstliche Wirthschaft insgemein.

Darauf erwidere ich zur Ehre der Fellenbergischen Wirthschaft folgendes: Erstlich ist es gar nicht zu verwundern, daß der deutsche Landwirth

---

*) Dies beträgt $17\frac{1}{4}$ Scheffel per Morgen. Daß man dahin auch wirklich im Durchschnitt kommen könne, bezweifle ich gar nicht. Auf manchen Niederungsboden erhält man es wirklich, und bei so angestrengter Kultur läßt sich ein Boden, wie der zu Hofwyl gewiß zu eben dem Ertrage, wie Marschboden, bringen. Th.

auf einem von Natur guten Boden, der gut gedüngt worden ist und in reiner Brache gelegen hat, eben so viel bauet, als Hr. Fellenberg; denn reine Brache behält immer den Vorzug im Getreidebau, wenn sie frisch gedüngt worden ist. Allein man bedenke:

1) Hr. Fellenberg hat keinen von Natur so guten Weizenboden. Der Verf. der Briefe über Hofwyl sagt S. 56, daß man in der Schweiz gewohnt sey, bei aller Betriebsamkeit nur das vierte Korn zu bauen. Und wie sehr lobt nicht dieser Verfasser die schweizerische Thätigkeit S. 36, wo er sagt, daß die Schweizer alles zweckmäßiger anzugreifen wüßten und weit gewandter wären, als die Deutschen. Wenn nun diese nach der Behauptung unsers Schriftstellers so geschickten Landwirthe in der Schweiz dennoch nur das 4te Korn erzielen, wie sehr gereicht es dem Hrn. Fellenberg zur Ehre, daß er, der eben keinen bessern Boden, als jene hat, daß 12te Korn zu erbauen weiß.

2) Ist wohl zu bedenken, daß Hr. Fellenberg seinen Acker nicht ruhen läßt, sondern jährlich zwei Ernten davon nimmt. Was hat aber der Deutsche, der obige Vorwürfe

machte, in seiner reinen Brache gebaut? Antwort: Nichts.

3) Fürs dritte ist wohl zu berücksichtigen, daß wir Dreifelderwirthe nur von unsern besten Aeckern reden, die wir in Düngung halten. Hr. Fellenberg redet aber von allen und jeden, weil er alle gleich gut düngt. Wir aber düngen entweder nur einen kleinen Theil des Feldes, oder wir düngen das Ganze, aber nur alle neun Jahr einmal, und haben gleichwohl Außenschläge, die kaum das 3te Korn tragen, wenn die bessern Felder auch das 12te zur Ausbeute geben. Hier leuchtet eben die Fruchtwechselwirthschaft in so glänzenden Strahlen hervor, indem sie Düngung in Ueberfluß gewinnt, und damit auch die vielen entferntern schlechtern Aecker in bessern Zustand setzen kann, woran ein Dreifelderwirth, der nicht eine güldene Aue von Natur besitzt, gar nicht denken kann.

Allein nun komme ich zu demjenigen Theile des Fellenbergischen Anschlags, der mir schlechterdings nicht als richtig einleuchten will, nehmlich zu dem Anschlage der Futtergewächse. Erstlich gerathen die Futtergewächse nicht alle Jahr gleich gut, und doch nimmt Hr. Fellenberg den vielleicht möglichen höchsten Ertrag als Durchschnitt an. Schon dieses ist fehlerhaft. Wie schlecht standen z. B. dieses Jahr die weißen Rüben in Raps gesäet. Die Erdflöhe hatten sie zerfressen; und auch die andern hatten sehr von dem heißen Wetter gelitten, ob sie gleich im dichten Schatten der Bohnen standen *). Fürs zweite scheint mir ihr Werth viel zu hoch in Gelde angeschlagen zu seyn, wenn sie verfüttert werden sollen. Aus der Mastung kann so viel nicht herauskommen, auch nicht aus dem Milchertrag **). Meint Hr. Fellenberg, der davon erhaltene Dünger habe den größten Werth. Gut! Aber dann muß Hr. Fellenberg auch den Werth des Düngers zu Gelde anschlagen und die-

*) Ungeachtet die Rüben unter den Bohnen in diesem Jahre bei mir von ihrer Saatzeit an, bis 8 Tage nach der Aberntung der Bohnen, gar keinen Regen erhielten, und man bis dahin kaum ein Blättchen davon entdecken konnte, so wurden sie doch an einer niedrigen Stelle noch recht gut. Th.

**) Das scheint mir doch in der That nicht so. Er schlägt 1600 Mäß Rüben zu 16 Rthlr. 16 Gr. an, d. i. der Berliner Scheffel ungefähr 1 Gr. und 1000 Mäß Möhren zu 20 Rthlr. 20 Gr., d. i. der Berliner Scheffel ungefähr zu 2 Gr. Dies müssen sie ihm durch die Viehnutzung, ohne alle Hinsicht auf den Dünger, reichlich geben. Th.

ses zu dem Aufwande, als Debet, schreiben. Da er aber dieses nicht thut, so scheint mir hierin die Uebertreibung seines Anschlages zu liegen. Doch muß ich gestehen, daß ich ganz genau hier nicht nachkommen kann, weil ich die Ernte der Futtergewächse nicht vollendet gesehen habe. Mögen also andere unpartheusche Leute, die sie beschauet haben urtheilen, ob ich recht habe, oder nicht.

Nach meiner Meinung besagt nehmlich die sämmtliche Futterernte folgendes:

3000	Centner	Stroh aller Art;
2500	"	Kleeheu, wobei der grüne Klee, welcher verfüttert wird, als Heu angeschlagen ist;
1500	"	Erdäpfel, Möhren und weiße Rüben, ebenfalls als getrocknetes Futter angeschlagen. Grün können es wohl 6000 Centn. seyn.
2000	"	Wiesenheu und Grummt.
9000	Centn. *)	

*) Diese hypothetische Berechnung scheint mir auch der Wahrheit ziemlich nahe zu kommen, und ist als Durchschnittsannahme auf so kultivirten Boden gewiß nicht übertrieben. Th.

Eine solche Futterernte wird wohl schwerlich auch auf dem besten Boden einer Dreifelderwirthschaft, auf so wenigen Aeckern, gewonnen werden können. Mit ihr steht der Düngerzustand im Verhältniß, denn es können davon doch wenigstens 800 zweispännige Fuder Mist zu 20 Centn. erhalten werden, und wenn damit jährlich 60 bis 65 Jucharten gedüngt werden sollen, so kommen auf jeden Juchart 12 Fuder dergleichen Düngung, ohne die Jauche, womit das Kleefeld jährlich drei= bis viermal begossen wird *). Anfangs hat Hr. Fellenberg Düngung zugekauft, jetzt und in der Zukunft wird er sie nicht mehr nöthig haben, wenn diese Berechnung, wie ich glaube, richtig ist.

Und daß ich mich, wenn ja, doch nur um weniges bei dieser Berechnung geirrt habe, ergiebt sich auch aus dem Viehstande des Hrn. Fellenberg.

---

*) Diese Mistangabe wird auch ungefähr passen. Ich würde den aus obigem Stroh und Futter erfolgenden Mist auf 20700 Ctr. anschlagen, wenn die sämmtliche Jauche demselben mit einverleibt wäre. Ohne diese mag es aber wohl nicht mehr wie obige Angabe betragen. Er wird dann ungefähr alle vier Jahr den Magdeburger Morgen mit 12 Fudern zu 2000 Pund düngen können. Dies stimmt mit meiner Erfahrung bei einer ähnlichen Wirthschaft überein. Th.

Ich fand nämlich in voller Stallfütterung Sommer und Winter folgenden Viehstapel:

40 große Schweizer Kühe,
20 ungeheure Mast-Ochsen,
14 Pferde vom größten Schlage,
4 Esel,
40 Schafe,

welche zusammen ungefähr 80 Haupt großem Vieh gleich sind, wenn man dazu noch die Schweine rechnet, welche auch mit Rüben, größtentheils aber mit den Abgängen der Molkerei gefüttert werden.

Nach einer bewährten Erfahrung hat jedes Haupt Vieh von größter Schweizer Race 28 Pfd. trockene Fütterung, und etwa 5 Pfd. Streustroh täglich nöthig. Dieses thut zusammen 33 Pfund auf ein Haupt, folglich auf 80 Haupt 2640 Pfd. oder 25 Centn.; also in 365 Tagen die Summe von 9125 Centn. trockener Fütterung *). Der

---

*) Dies kann so großes Vieh, ohne sich den Magen zu verderben, füglich verzehren. Nach der in Bergens Anleitung zur Viehzucht befindlichen Tabelle von meiner Fütterung, die ein Jahr lang genau beobachtet wurde, kamen auf den Kopf großen Viehes in einem Jahre 8359 Pfund auf Heu reduzirte Fütterung, und 5962 Pfund Streu- und Futterstroh. Dies stimmt beinahe hiermit. Th.

kleine Ueberschuß von 125 Centn. kann, wenn man ganz genau gehen wollte, auf Rechnung der Pferde kommen, weil diese, ohne Klee, Heu, und ohne die in Dampf gekochten Erdäpfel und die Hülsen des Dünkels, auch noch den Abgang des gemahlenen Korns, nämlich die Kleien zur Fütterung erhalten, welche bei den 9000 Centnern noch nicht mitgerechnet waren, und vielleicht obige 125 Centner decken.

Es ergiebt sich also auch aus Fellenbergs Wirthschaft, daß der Vorwurf, den man im Anfange der Fruchtwechselwirthschaft zu machen gedachte, als ob in derselben nicht Stroh genug erbauet werde, völlig ungegründet ist *), weil Hr. Fellenberg daran gar keinen Mangel hat, ob er gleich die allervollkommenste Stallfütterung bei einem so sehr starken Viehstand eingeführt hat. Und Hrn. Fellenbergs Düngerstätten beweisen es noch mehr; denn der Mist bestehet, ehe er in Verwesung gegangen, vielleicht nur aus zu vielen Strohtheilen.

Herr

*) Diesen Vorwurf können nur Leute machen, die von der Sache nichts verstehn. Stroh wird reichlich genug gewonnen, wenn man anders Winterung baut, wo sie paßt. Th.

Herr Fellenberg hat nämlich den Grundsatz, beim Ueberfluß anderer Fütterung gar kein Stroh zu füttern, weil es weder die Milch vermehre, noch in der Mastung helfe; und daher verschwendet er gleichsam dasselbe zur Streu *).

Ich komme nun auf den Viehstand selbst zu sprechen, ob ich ihn für Hrn. Fellenbergs Lokalität für zweckmäßig halte oder nicht. Ich habe mich bereits oben darüber erklärt, was ich in Hinsicht der Sommer Stallfütterung des Hrn. Fellenberg für eine Meinung habe, indem ich es der Schweizer-Lokalität angemessener finde, vor allen Dingen das Alpenvieh zu berücksichtigen, und für dessen Winterfütterung Sorge zu tragen. Indessen weiß ich wohl, daß nicht alle Cantons eine gleichmäßige Anzahl Alpen besitzen, und insonderheit ist die Hälfte des Berner Cantons, wozu Hofwyl gehöret, nicht reich an Weideviehh. Daher wende

*) Dies rührt wohl daher, daß er der Streu die Jauche entzieht. Sonst würde der Mist von sehr speckiger Beschaffenheit seyn. Uebrigens muß das Vieh bei der vielen saftigen Futterung doch durchaus Stroh fressen, weil es sonst immerfort laxiren würde. Es hat auch ein unwiderstehliches Verlangen darnach, und frißt das Stroh von der Miststelle, wenn man es ihm nicht reichlich genug vorwirft. Th.

ich mich an eine andere Untersuchung: nämlich, ob Herr Fellenberg nicht besser thun würde, mit seinem Streustroh etwas spärlicher umzugehen, und es, ehe es zur Streu gebraucht wird, zuvor einer Anzahl Schafe oder noch besser Hammel ausfressen zu lassen *)? Es würden sich wohl noch so viel behackte Früchte finden, um denselben am Mittage eine Parthie vorschütten zu können. Auch sollte ich glauben, es würde sich in den weidereichen Gegenden der Schweiz so viel Weide finden, als 3= oder 400 Hammel zur Sommernahrung bedürfen. Herr Fellenberg füttert ohnehin 40 bis 50 Stück Schafe im Stalle mit einer Masse von Futter, womit gewiß 120 Stück ernähret werden könnten, wenn sie bloß im Winter im Stalle ernähret würden. Denn, ich gestehe es noch einmal, es hat meine höchste Verwunderung rege gemacht, als ich in dem Weidelande der Schweiz eine volle Stallfütterung des Rindviehes und der Schafe fand. Auch ist bei mir der Irrthum widerlegt worden, als ob man nur Schweizer=Käse von solchen Kühen verfertigen könne, die das süße

*) Ob diese Schafhaltung vortheilhaft seyn würde, ließe sich erst bei einer genauen Kenntniß der ganzen Lokalität beurtheilen. Th.

Gras der Alpen genießen. Herrn Fellenbergs Kühe bekommen nichts, als spanischen Klee, und gleichwohl läßt Hr. Fellenberg Käse nach Schweizer-Art verfertigen, die in Hinsicht des Wohlgeschmacks andern nichts nachgeben *). Jedoch ist zu bemerken, daß Hr. Fellenberg es vortheilhafter findet, nur halbfette Käse zu bereiten. Zu den halbfetten Käsen wird nämlich nicht so viel Sahne genommen, als zu den ganz fetten. Bei Gelegenheit werde ich über die Bereitung der Schweizer-Käse mehreres sagen.

Jetzt komme ich zu einer wichtigern Angelegenheit, nämlich zum Zugvieh des Wylhofes. Wir finden nämlich 14 starke Zugpferde auf diesem kleinen Landgute, und außerdem hat sich auch Hr. Fellenberg noch zuweilen der Ochsen zum Zug bedient. Es zerfällt dieser Gegenstand in zwei Theile, erstlich: ob Hr. Fellenberg so viel Pferde nöthig hat; ob seine Fruchtwechselwirthschaft mehr Zug nöthig macht, als eine gleiche Dreifelderwirthschaft, und zweitens: ob Hr. Fellenberg nicht besser thun würde, wenn er sich mehr der Zugochsen als der Pferde bedienen wollte?

So viel lehret bei uns, in unserm Fürstenthum sowohl, als in dem benachbarten Thüringen, die

*) Dies ist sehr merkwürdig! Th.

Erfahrung, daß ein Oekonom, der nicht mehr als 200 Juchart, d. i. 250 Acker urbares Land, besitzt, darauf nicht mehr als aufs allerhöchste 6 Pferde hält *). Gewöhnlich werden aber darauf nur 5 Pferde oder eine angemessene Anzahl

---

*) Vierzehn Pferde sind freilich sehr viel. Man muß indessen wissen, was für Nebenfuhren Hr. F. hat; welche Holz-, Meliorations- und Baufuhren, wenn er auch die Mistausfuhr aus der Stadt nicht mehr betreibt. Auf allen Fall kann er aber damit nicht auskommen, womit man in einer gewöhnlichen Dreifelderwirthschaft reicht. Außer den stärkern Mist- und Erntefuhren, der Anfuhr des Klees und der schweren Wurzelgewächse, muß man auf sein tiefes Pflügen und dann besonders auf seine zweiten Ernten, deren Bestellung gerade in die Zeit der Kornernte fällt, (und die deshalb in großen Wirthschaften, wo man sich für überflüßiges Gespann sehr zu hüten hat nicht wohl anwendbar sind, insofern sie eine neue Bestellung erfordern) Rücksicht nehmen. Bei seinem tiefen Pflügen braucht er 6 Pferde vor den Pflug und selbst bei dem Kleestoppelumbruch, der schnell und schmalfurchig geschehen muß, 4 Pferde. Ohne das gewaltig tiefe Pflügen und ohne Stoppelrüben-Bestellung würde die Wirthschaft 7 Pferde erfordern (denn auf 12 bis 14 Zoll können 3 Pferde mit dem Smallschen Pfluge pflügen); mit diesem aber und mäßigen Neben- und Meliorationsarbeiten wird er allerdings wohl 10 Pferde gebrauchen können. Th.

Zugochsen gehalten, wenn das Feld so nahe am Hofe liegt, wie in Hofwyl, und noch überdies Holz- und Marktfuhren nicht weiter gehen dürfen, als in Hofwyl, wo Wald und Marktstadt nur 2 Stunden entfernt sind.

Ob wir nicht noch mehr Pferde nöthig haben würden, wenn wir eine so eingerichtete Landwirthschaft wie Hr. Fellenberg hätten? Ich glaube nicht, ich wüßte auch nicht aus welchem Grunde. Denn die Arbeiten, welche das Behacken der Früchte und das Fahren der Mistjauche erfordern, geschehen zu der Zeit, wenn in Dreifelderwirthschaften gebrachet und geruhret wird, und wo bei Hrn. Fellenberg die Pferde ohnehin keine andere Beschäftigung haben.

Die Mistfuhren werden hauptsächlich im Winter verrichtet, wo auch sonst nichts gethan werden kann. Kommt offnes Wetter, so geschehen Vorbereitungen zur Gerstensaat, und im Herbste, wo die Bestellzeit vorbei ist, wird dasjenige Land ganz gemächlich umgepflügt, welches zu behackten Früchten bestimmt ist. Da, wo allenfalls die meiste Ackerarbeit einfällt, ist zur Zeit, da die Kleestoppel umgerissen werden soll, und wo die Fuhren der behackten Wurzelgewächse zugleich geschehen müssen. Indessen mit diesen hat es immer 14 Tage nach Michaelis noch Zeit, und dann ist ja die Winteraussaat vollendet. Hr. Fellenberg hat überdies noch 4 Esel, welche zu kleinern Fuhren mit gebraucht werden.

Das Umreißen der 50 Juchart Kleestoppel erfordert freilich einen starken Zug, indessen, wenn die Witterung günstig ist, würden wir sie in unserer Gegend, wo übrigens der Boden eben nicht leichter und eben nicht ebener ist, als in Hofwyl, doch binnen 3 Wochen mit 6 Pferden umpflügen, und bekanntermaßen wird das Kleefeld nicht zweimal zur Einsaat gepflügt, sondern der Same bloß eingeegt.

Nach unserer Landesart wären also in Hofwyl, wenn wir auch die 4 Esel passiren lassen, doch 8 Pferde zu viel, und folglich die Ausgabe von 800 bis 1000 Thlrn., welche die Pferde, das dazu gehörige Personale und Geschirr verursachen.

Herr Fellenberg wird hiergegen zwar allerdings seine Rechtfertigung leisten können, besonders da mir bekannt ist, daß auch im nördlichen Deutschland weit mehr Anspannung als bei uns gehalten wird. Ich begnüge mich, die Aufmerksamkeit auf diesen Punkt rege gemacht zu haben, besonders aus dem Grunde, weil ich glaube, daß unser Thüringer Pflug zur Verminderung des Zugs viel beiträgt, weil derselbe weit zweckmäßiger gebaut ist, als selbst Hrn. Fellenbergs Pflüge.

Allein, wenn Hr. Fellenberg ein gutes Beispiel seinen Landsleuten geben und Nachahmung erregen will, so darf er nicht seinen ganzen Zug in Pferden bestehen lassen, sondern hauptsächlich in Ochsen. Es ist zwar allerdings wahr, daß in einer großen Wirthschaft wenigstens ein Zug Pferde, besonders zu den Winterfuhren nothwendig ist. Allein auch die Ochsen können, wenn sie, wie in Thüringen geschiehet, an den Füßen beschlagen werden, den ganzen Winter, wenn kein Glatteis ist, zum Zug gebraucht werden. Und gewiß, Hr. Fellenberg würde, wenn er Zugochsen hielte, sich dabei weit besser stehen, als bei der Pferdehaltung. Denn einestheils füttert er seinen Pferden keinen Hafer, sondern nur Klee und in Dampf gekochte Erdäpfel, Kleie und die Hülsen vom Dünkel. Solche Pferde haben, so groß sie auch seyn mögen, eben nicht mehr Kräfte als Ochsen, wie dieses in Thüringen die Erfahrung nur allzusehr bestätiget. Anderntheils hält Hr. Fellenberg ohnehin 20 Mastochsen, und wie leicht würde er beides, Zug- und Mastochsen, mit einander vereinigen können, wovon auch in Thüringen Beispiele genug vorhanden sind. Und fürs dritte fehlt es Hrn. Fellenberg nicht an gutem Futer für die Ochsen; es kann ihm also nicht darauf ankommen, ob er die Ochsen tagtäglich zum Zuge gebraucht, oder sie nur halbe Tage ziehen läßt. In diesem Falle bleiben die Ochsen im Fleische, und können, wenn sie zur Mast aufgestellt werden, ohne große Kosten fett gemacht werden. Wenn also das große Kapital, welches in den 14 Pferden steckt, binnen 10 Jahren fast verloren ist, so nehmen die Ochsen, wenn sie etwas geschonet werden, selbst bei der Arbeit im Kapitalwerth zu, und helfen also den reinen Gewinn des Landguthes unendlich vermehren. Auch der Verfasser der Briefe über Hofwyl bemerket ganz richtig, daß die Zugochsen für die Schweiz weit vortheilhafter sind, als die Pferde. Und da Herr Fellenberg sich ja seinem Vaterlande aufopfern will, so sollte er auf die Ehre, die man gewöhnlich mit den Pferden in Verbinduug setzt, gerne Verzicht thun *).

---

*) Beispiele in allen und jeden Stücken kann eine einzelne Wirthschaft nicht geben. Sie würde sonst zu komplizirt und hörte gerade dadurch wieder auf, eine Musterwirthschaft zu seyn. Nun sind Hrn. F. 10 Pferde, so wie er die Sache betreibt, nöthig. Sechs Pferde sind ihm wohl unumgänglich und wenn er Statt der vier übrigen etwa 6 Ochsen halten wollte, so glaube ich

Mit dieser Materie stehet das tiefe Pflügen des Hrn. Fellenberg in Verbindung. Ich kann zwar über diesen Gegenstand nicht kompetent urtheilen, aus der natürlichen Ursache, weil hauptsächlich das erste Tiefpflügen entweder Gewinn oder Verlust bringt, Nun ist aber dieses vor acht Jahren schon geschehen, und es kann also nur derjenige urtheilen, ob Hr. Fellenberg Gewinn oder Schaden sich dadurch zugezogen hat, der die Beschaffenheit seines Feldes vor jener Periode gekannt hat, und die gleich nachfolgenden Ernten genau beobachtet, und zugleich bemerkt hat, was Hr. Fellenberg durch Ankaufung von Düngung, durch Umpflügung grüner Saaten und durch andere künstliche Verbesse-

---

nicht, daß der Vortheil groß seyn würde. Es müßte fast ein eigner Wärter darauf gehalten werden, und solch ein doppeltes Gespann macht in einer kleinen Wirthschaft die Ausführung der Arbeit gleich umständlicher. Es paßt sich nicht so, daß die Arbeit, welche eine oder die andere Thierart am besten verrichten kann, auf einander folgt. Es ist öftere Umspannung, es sind mehrere Wege, und deshalb oft mehrere Menschen nöthig. Da seine Pferde auch keinen Hafer bekommen, so würden die Kosten der Futterung nicht viel geringer seyn, und nur das in den Pferden sich mehr aufzehrende Kapital macht sie etwas kostbarer. Th.

rungsmittel des Bodens gethan und ausgerichtet hat.

Gesetzt aber auch, Hr. Fellenberg habe in seinem Boden Gewinn davon gehabt, und wir könnten dies genau bestimmen, so läßt sich davon doch kein allgemeingültiger Erfahrungsgrundsatz für uns, und also auch keine Regel zur Nachahmung ableiten, weil hier alles auf die Grundlage des Bodens, auf die Beschaffenheit der Unterlage und anderer ganz lokalen Umstände ankommt. Ich selbst habe nur Folgendes bei Hrn. Fellenberg, in Hinsicht des Tiefpflügens, zu beobachten Gelegenheit gehabt.

Hr. Fellenberg hat dazu Pflüge von der dort ganz gewöhnlichen Construktion, jedoch von sehr starker Bauart und mit einem doppelten Sech. Das Schaar ist klein, aber stark, das Streichbrett ist beweglich, von Holz, aber mit Eisenblech beschlagen, die Räder sehr hoch, der Pflugbalken sehr stark, wie der ganze Bau des Pfluges. So wie nun überhaupt dergleichen Pflüge einen starken Zug verlangen, so ist es auch hier, und mich wunderte es daher sehr, daß Hr. Fellenberg keinen Gebrauch von seinem so sehr gerühmten Schwingpfluge machte, der ganz müßig zu Hause stand. Mit zwei solchen Pflügen, vor deren jedem vier

Pferde gespannt waren, operirte Herr Fellenberg, als er vier Jucharte Kleefeld umreißen ließ, weil der Klee nicht viel taugte, und das Feld mit Brachrüben bestellt werden sollte. Der Vorgang war folgender: zuvörderst wurde Düngung aufgefahren, stärker als wir zu düngen pflegen. Sogleich wurde selbige ausgebreitet, während schon die Pflüge, jedem ein Mann zur Seite, welcher die vordern Pferde leitete, von den Knechten in den Acker eingeführt wurden. Die Pflüge griffen wenigstens 16 Zoll tief, und so tief kam auch der Mist unter die Erde *). Als dieses Geschäft vollendet

*) Dies tiefe Umpflügen der Kleestoppel, und noch obendrein des Mistes läßt sich wohl unmöglich billigen. Das Land war ja erst vor zwei Jahren zu den behackten Früchten so gewaltig tief gepflügt, und die Brachrüben erfordern es gar nicht. Vielmehr pflügen die Norfolker, die sich auf diesen Bau vorzüglich verstehen, ganz flach dazu, aber oft wiederholt. Der Hr. Verf. hat hier 16 Zoll tiefes Pflügen gesehen, scheint es aber doch nicht gemessen zu haben. Es ist ein großer Unterschied, 16 Zoll tief von dem festen Erdboden ab, oder 16 Zoll hoch aufzupflügen. Gute Pflüge heben den Boden ungemein in die Höhe und wenn man 12 Zoll tief pflügt, so hebt sich die Erde von der Sohle der Furche abgemessen wenigstens 16 Zoll in die Höhe. Indessen will ich 16 Zoll wirklich tiefes Pflügen zugeben, zumahl

war, folgten schwere Eggen, und auf diese kurze, aber gewiß 3 Fuß im Durchmesser habende steinerne Walzen. Am andern Tage erschien der Furchenzieher mit sechs Füßen, welcher zur Vorbereitung für die Säemaschine, Furchen, fast 1 Fuß weit von einander ziehen sollte. Nach ihr kam der Mann, der die Säemaschine, worin der Rübensame befindlich war, mit der Hand wie einen Schubkarren durch die Furchen, jedoch jedesmal eine überspringend, hindurch führte. Vermittelst

---

nach dem Berner Maaßstabe, aber zwei Fuß tiefes, wie es Hr. F. thun soll, glaube ich nicht; bevor ich faktisch und so daß gar kein Irrthum dabei vorfallen konnte, davon überzeugt werde. Bei solcher Tiefe macht 1 Zoll mehr einen gewaltigen Unterschied, und ich glaube kaum, daß die Stärke irgend eines Werkzeuges zureiche, um den Widerstand, den ein lehmiger Boden bei solcher Tiefe dem Pfluge entgegensetzt zu überwinden, wenn wir auch die stärkste Anspannung nehmen wollten. Ich habe einen englischen Rajolpflug gehabt, der ungeheuer stark gebaut war und wo alles mit starken eisernen Ketten noch verbunden war, aber er fing mit 8 Pferden bespannt allenthalben zu knacken an, als er auf 18 Zoll tief eingesetzt war, und die Pferde standen nach jedem Ruck still. Instrumente, die den Boden auf 2 Fuß tief lockern, hat man; aber nicht wahre Pflüge, die den Boden herausheben. Th.

dieser Säemaschine, die übrigens von der Kornsäemaschine ganz verschieden ist, kommen die kleinen runden Körner in gleich weiter Entfernung in Reihen zu liegen, und werden auch sogleich durch eine kleine daran befindliche Walze der Erde einverleibt. So wurde der Acker seiner weitern Vegetation überlassen, und nach fünf Tagen hatte ich das Vergnügen, die Samenblätter der Rüben aus der Erde hervorkommen zu sehen, die wahrscheinlich jezt ihrer Vollendung nahe sind.

Es ist sonderbar, daß gerade zu der Zeit, da Hr. Fellenberg dem ökonomischen Publikum ein zwei Fuß tiefes Pflügen empfiehlt, ein anderer Oeconom auftritt, welcher meint, man solle den Acker gar nicht pflügen, weil die Natur bloß der äußern Schale unserer Erde die wohlthätige Kraft gegeben, uns vor dem Hungertode zu schützen. Wenig Zolle unter dieser schwachen Linie ruhe todt und verwesend der hundertfältig fruchttragende Keim.

Wir sehen hieraus, wie viel der Oekonomie noch fehlt, ehe man sagen kann, daß sie einen hohen Grad von Vollkommenheit erreicht habe *).

*) Die Oekonomie kann einen hohen Grad von Vollkommenheit erreicht haben, und dennoch kann es einseitige und thörichte Oekonomen geben. Th.

Denn wer sollte es glauben, daß in einer Wissenschaft, welche die Erfahrung und tägliche Ausübung zur Mutter hat, solche widersprechende, und in scharfem Kontrast stehende Erscheinungen vorkommen könnten. Ist dieses nun am grünen Holz, unter der aufgeklärten Klasse der Oekonomen, wie wirds ums dürre stehen. In welchen Vorurtheilen mag nicht der gemeine Landmann schwimmen, der nie eine andere Erfahrung zu machen Gelegenheit hatte, als die der Acker seines Dörfchens ihm darbot, und der die Sagen des Großvaters und der Großmutter zur Grundlage seines Glaubens zu machen, sich nothgedrungen glaubt.

Dürfen wir tief pflügen, wann dürfen wir tief pflügen, wie tief dürfen wir pflügen, und endlich auf welche Art und zu welcher Zeit dürfen wir tief pflügen? Lauter Fragen, die das höchste Interesse des Landmanns erregen, die aber schlechterdings nicht durch individuelle und einzelne Erfahrungen beantwortet werden können, wozu aber jede einzelne Erfahrung einen schätzbaren Beitrag liefert.

Wer darüber etwas lesen will, was mir ganz aus der Seele geschrieben ist, der lese dasjenige, was Hr. Geh. Rath Thaer mit größter Sachkenntniß darüber in den Annalen des Ackerbaues,

4ter Jahrgang 1808, von S. 265 bis 306 gesagt hat *). Auch findet man in der Hallischen landwirthschaftlichen Zeitung von diesem Jahre schätzbare einzelne Erfahrungen darüber.

Auf alle Fälle war es ein großes Wagestück des Hrn. Fellenberg, auf seinem Wylhofe zwei Fuß tief in den Boden hineinzuwühlen, und zwar ohne vorhergegangene genaue Prüfung, ob auch jeder einzelne Acker solches vertrage. Mit einemmale alle Dammerde eines ganzen Landguthes zwei Fuß unter die Erde zu vergraben, ist wirklich nicht das Werk eines vorsichtigen praktischen Oeconomen, und Hr. Fellenberg sieht dies auch wohl jetzt selbst ein, denn er erklärte sich in einer öffentlichen Vorlesung, welcher ich beiwohnte, er habe damit seinem Zehntherrn einen Possen spielen wollen, weil er sich nicht habe gefallen lassen wollen, den unbestimmten Naturalzehent in einen bestimmten zu verwandeln. Allein statt eine schlechtere Ernte zu bekommen, wie er vermuthete, habe er gleich im ersten Jahre eine vortrefliche Ernte gemacht. Ob diese reiche Ernte eine Folge des zwei Fuß tiefen

---

*) Da der Hr. Verf. hier auf eine Erklärung über das tief und flach Pflügen verweist, so bedarf es um so weniger einer weitern. Th.

Pflügens gewesen, kann ich eben so wenig, als die Wahrheit der Thatsache selbst beweisen. Gesetzt es wäre geschehen, so folgt daraus weiter nichts, als daß Hr. Fellenberg in Hofwyl in einer Tiefe von zwei Fuß einen vortreflichen Grund, wie er selten vorhanden seyn wird, gefunden habe. Gleichwohl fragt es sich, ob nicht Hr. Fellenberg eine noch reichere Ernte gemacht haben würde, wenn er nur 2 oder 3 Zoll fürs erste tiefer gepflügt hätte. Wenigstens wäre dies mit weniger Risico verbunden gewesen, und er würde nicht nöthig gehabt haben, so viele Düngung in Bern zu kaufen und sie eine Meile weit herbeizufahren. Nach Verlauf von mehrern Jahren hätte er noch tiefer greifen können, wenn er dadurch einen bessern Zweck zu erreichen geglaubt hätte. Doch, so viel wir auch darüber sagen mögen, es ist einmal geschehen, und Hr. Fellenberg wird selbst wissen, wie hoch ihm dieses Wagestück zu stehen gekommen, und ob das, was es ihm gekostet, dem Capital gleich ist, welches Grund und Boden an Werth durch jene Operation gewonnen hat. Auf alle Fälle, behaupte ich, würde er besser gethan haben, hätte er ja tief pflügen wollen, wenn er auf eine solche Art gepflügt hätte, wie Hr. Thaer in den Annalen vorgeschlagen hat.

Meiner

Meiner Meinung nach ist jeder Acker um so besser, je mehr er Erde hat, in welcher die Gewächse wuchern und ihre Wurzeln hineintreiben können. Daher ist wohl das tiefe Pflügen in so fern eine wahre Verbesserung des Bodens. Allein beim Wachsthum der Pflanzen kommt es nicht auf Erde allein an, sondern auch auf die Beschaffenheit der Erde. Eine mit vegetabilischen und thierischen Stoffen durchdrungene, von Steinen gereinigte Ackerkrume, ist, wenn sie auch flach seyn sollte, dennoch einer undurchdringlichen Thonlage bei weitem vorzuziehen. Wer wird nun also wohl so thöricht seyn, die gute Dammerde zu verscharren und Letten und Schiefer hervorzubringen? Allein dies ist ganz gewiß auch Hrn. Fellenbergs Meinung nicht, wenn er das tiefe Pflügen andern empfiehlt, die keinen Streit mit ihren Zehntherrn haben.

Sobald wir Felder haben, die nicht tragen wollen, ungeachtet man sie düngt und begattet, so gut es möglich ist; wenn man Aecker hat, die krank sind, und man kann sich die Ursache ihrer Krankheit nicht erklären, so versuche man das letzte Mittel, man pflüge sie tiefer, als gewöhnlich, um zu versuchen, ob sie sich bessern. Gelingt die Probe, so ists gut, gelingt sie nicht, so hat man keinen Schaden, weil unsere Felder vorhin auch nicht tragen wollten. Man hüte sich aber ja, muthwillig die obere gute Dammerde zu vergraben, wenn man nicht Düngung im Ueberfluß hat.

Alles kann seinen Nutzen haben, wenn es zu seiner Zeit angewendet wird. Es kann daher auch das sehr tiefe Pflügen zu seiner Zeit einen Nutzen gewähren. Auch reine Brache hat ihren Nutzen, wenn sie zur rechten Zeit, gleichsam als Arzenei des Ackers gebraucht wird. Nur als gewöhnliche Diät wollen wir sie nicht wissen; Gifte können als Arzenei nützlich werden, ob man sie gleich als gewöhnliche Nahrungsmittel zu fliehen hat. So fand ich auch in Hofwyl einen Acker reine Brache, wenn man es so nennen will. Es war nämlich zwischen dem Felde ein ziemlich bedeutender Hügel, steinigt und trockener Beschaffenheit gewesen. Diesen hatte Hr. Fellenberg tief mit der Hacke umrotten, ihn sodann ebnen, und die Steine in die Tiefe, die gute Erde obenauf bringen lassen. So lag dieser neue Erdstrich, und erwartete des Herbstes, wo man ihn wahrscheinlich mit Winterkorn besäen wird. Ich zweifle aber, ob Hr. Fellenberg je diesen Acker 2 Fuß tief wird pflügen lassen, weil es ihm bekannt ist, daß Steine und schlechte Erde in der Tiefe sitzen, die bessere Erdlage aber in der Oberfläche sich befindet.

Der Hr. Verfasser der Briefe über Hofwyl spricht auch S. 6 über Fellenbergs Tiefpflügen; es ist aber wörtlicher Auszug aus Thaers Einleitung, 3. Band, S. 179. Ich hatte gewünscht und gehoft, in diesem Werke eine getreue Geschichte der 3 ersten Wirthschaftsjahre des Hrn. Fellenberg in Hofwyl zu finden, in der Voraussetzung, daß ein Schweizer, der der Sprache des gemeinen Mannes kundiger ist, als der Ausländer, sich leichter einen Weg bahnen kann, solches von einem damaligen treuen Beobachter zu erfahren. Hr. Fellenberg, der dieses freilich am Besten weiß, würde sich ein wahres Verdienst erwerben, wenn er davon eine völlig getreue Beschreibung liefern wollte, was er in dieser Hinsicht für Bemerkungen gemacht hat.

Die Wiesenkultur des Hrn. Fellenberg ist noch nicht so weit gekommen, als man nach seinen landwirthschaftlichen Blättern vermuthen sollte. Ich hoffte Wiesen zu finden, die, nachdem sie urbar gemacht und mehrere Jahre mit Früchten, die das Land reinigen, bestellt worden, sofort mit ausgesuchten Grassamen besäet wären. Denn Herr Fellenberg spricht in seinen Blättern von Grasamen, die gesammelt worden, und dem Boden, wie sie demselben angemessen sind, und sich in Rücksicht des Reifwerdens zusammen schicken, einverleibt worden. Allein wahrscheinlich soll dieses erst noch geschehen, denn mehrere Plätze sind auf den Wiesen mit Getreide angesäet, worunter auch zuweilen Kleesaat sich befindet. Man sagte mir, Hr. Fellenberg habe Pflüge mit 12 Menschen bespannet, und diejenigen Wiesen umgepflügt, wo die Pferde versunken wären. Der größte Theil der Fellenbergischen Wiesen ist nämlich von torfichter Grundlage, daher auch selbst Torf alljährlich gestochen und zum Brennen auf Hofwyl gebrauchet wird.

Das meiste, was Hr. Fellenberg an die Wiesen gewendet hat, besteht zum Theil darin, daß er auf die schlechten Torfwiesen eine schwere Erde, wohl fußhoch, aufgefahren hat, nachdem zuvor der Torf gestochen worden. Wahrscheinlich ist dies zu einer Jahreszeit geschehen, wo man im Stande war, die belasteten Wagen auf die Wiesen zu schikken. Daß nun diese Wiesen einen bessern Ertrag geben, als ehmals, versteht sich von selbst. Die zweite Verbesserung der Wiesen besteht in der Wässerungs- und Abwässerungsanstalt, welche sich nicht bloß auf die Wiesen, sondern überhaupt auf das ganze Feld des Hrn. Fellenberg erstreckt.

Fast die ganze Schweiz hat die Eigenschaft, daß daselbst eine Menge Quellen das unterirdische Wasser ausgießen. Die Berge, das regnigte Klima und die Nebel geben dazu wohl die Hauptveranlassung. Seit den ältesten Zeiten hat daher die Kunst der Wässerung in diesem Lande einen hohen Grad von Vollkommenheit erreicht. Wahrscheinlich hätte das Hofwylsche Feld gar keinen Werth, wenn man nicht demselben durch allerlei Grabenziehungen zu Hülfe gekommen wäre, und daher ist auch wohl die Frage, ob die vielen Gräben und Wässerungsanstalten auch die Kosten trügen, sehr leicht entschieden. Wenn man nämlich beim Kauf solcher Felder schon darauf Rücksicht nimmt, daß man noch so und so viel auf die Abwässerungsanstalten wenden muß, wenn das Land die erzielte Tragbarkeit erhalten soll, so wird man sich in seiner Rechnung nicht täuschen, wenn die Arbeit der Grabenziehung durch sachverständige Leute planmäßig betrieben wird. Hr. Fellenberg fand schon eine Menge Gräben, offne und verdeckte, beim Antritt des Wylhofs vor, allein gleichwohl hat er noch viel daran gewendet, theils weil die Kanäle nicht planmäßig angelegt waren, theils weil viele Stellen noch Mangel an Gräben hatten.

Daß Hr. Fellenberg seine Absicht, das Feld trocken zu legen, und zu seiner Zeit wieder zu bewässern, wenigstens größtentheils erreicht habe, ist wohl keinem Zweifel unterworfen, wenn man die Fülle der Früchte auf den Acker für einen Beweis annimmt, daß sie sich im Wachsthum wohlbefunden haben. Allein die Art und Weise, wie die Gräben, besonders die unterirdischen verdeckten, durcheinander laufen, und in einander greifen, dies konnte man jetzt nur auf einer Karte, worauf der Plan abgerissen ist, wahrnehmen, und ich konnte, da das Feld mit Früchten bedeckt war, dieses nicht genau untersuchen. Auch habe ich dazu noch nicht die gehörigen Vorkenntnisse gehabt, um den Plan nach Maßgabe des Abrisses genau zu prüfen. Jedoch habe ich so viel bemerkt, daß die Hauptkunst darin besteht, die Quellen des wilden Wassers durch Abfangegräben geschickt zu fassen, und durch Ableitekanäle dahin zu leiten, wo man das Wasser zum Behuf der Wässerung nöthig hat. Zu diesem Zweck muß man das Wasser nicht zu geschwind in die Tiefe hinableiten, sondern es auf der größten Höhe zu erhalten suchen. Hier müssen die großen offnen Hauptgräben sich befinden, in welchen sich das Wasser zum Behuf der Wässerung sammelt. Man regieret dieses Wasser durch

Stellbretter, welche den Abfluß desselben verhindern, und nur dann erlauben, wenn die Bretter aufgezogen werden. Sobald die Zeit der Wässerung kommt, öfnet man die Stellbretter, und vertheilt das Wasser durch kleinere offene Gräben auf den Wiesen, wo sich unzählige Arme verbreiten, und zuletzt auf der Ebene verlieren. Auf jedem nöthigen Punkte befindet sich ein grösseres oder kleineres, ein einfaches oder doppeltes Stellbrett. Die verdeckten Abwässerungsgräben auf den Aeckern sind, wo es nöthig war, bis auf 30 Fuß Tiefe eingestochen, und wohl 12 Fuß hoch ausgemauert *). Bei Gelegenheit dieser Grabenziehung hat Herr Fellenberg hie und da gute Erde und Erdschichten entdeckt, die er sorgfältig ausgeworfen, und auf die Oberfläche der Erde, theils zur Verebnung, theils um hitzige Erdlagen und Steine damit zu überdecken, vertheilet hat.

---

*) Dreißig Fuß tief und 12 Fuß hoch ausgemauert!! Sollte hier nicht ein Irrthum seyn? Das wäre mehr als Bridgewatersche Kanäle, mehr als die höchsten Schachten, die wir in den Bergwerken finden, und zu welchem Nutzen? Ein solcher Kanal auf einer irgend beträchtlichen Strecke hätte ja die Meliorationssumme von 25tausend Laubthalern allein weggenommen. Th.

Herr Fellenberg hatte eine eigne Vorrichtung, die Aecker von untenauf zu wässern, so daß das Wasser von der Tiefe herauf an die Wurzeln der Gewächse hinauf zieht. Dieses geschieht in den verdeckten Gräben durch unterirdische Stellbretter, mit welchen er im Stande ist, das hinabziehende Wasser im Fall zu dämmen, damit es genöthiget wird, wieder nach der Höhe hinaufzustauen, um in einem gewissen Umkreise die Wurzeln der Ackerfrüchte zu befeuchten *). Ich habe aber nicht untersuchen können, wie weit sich der Nutzen dieser Einrichtung erstreckt. Der Verfasser der Briefe über Hofwyl meint, es wäre dies eine gewaltsame Operation, und fürchtet daher, wenn Hr. Fellenberg öfters von derselben Gebrauch machen wolle,

*) Mit offnen Gräben geschieht dies auf schwammigem Boden, der leicht austrocknet, häufig; aber mit unterirdischen Gräben habe ich es weder gesehn noch gehört. Ausgemauert, wie der Hr. Verf. hernach sagt, können diese Kanäle wohl nicht seyn. Denn da könnte das Wasser ja nicht in den Erdboden hineindringen. Sie sind vermuthlich nur mit einem lockern Material ausgefüllt. Aber da tritt dann freilich die Besorglichkeit sehr ein, daß sie sich bald verschlammen werden, wenn das Wasser nicht in beständigem Zuge erhalten wird. Th.

daß die ausgemauerten Kanäle bald würden schadhaft werden.

Es ist wohl nicht zu läugnen, daß solche Wässerungsanstalten, wenn sie, auf bewährten Erfahrungsgrundsätzen beruhend, von sachkundigen Leuten unternommen werden, für den Staat von ausnehmenden Nutzen sind, gesetzt daß auch Privatpersonen ihre Unternehmung wegen der damit verbundenen Kosten scheuen sollten. Jede Landesregierung sollte es sich zur Pflicht machen, ihre Unterthanen aus allen Kräften dazu aufzumuntern; denn der Staat erhält dadurch Felder und Wiesen, die doppelt so viel abtragen, als vorher, und das zur Anlegung ausgegebene Geld bleibt in den Händen der ärmern Staatsbürger, welche zu solchen Zeiten, wo sie sonst keine Arbeit haben, mit dergleichen Grabenziehung beschäftiget und in Nahrung gesetzt werden können. Und dazu kommt nun noch, daß kein Zweig der Industrie in vielen Ländern so sehr vernachläßiget wird, als dieser; wir haben daher auch noch fast gar keine, nicht einmal theoretische Kenntniß, das Wasser in unsere Gewalt zu bringen — eine Kunst, welche in Hinsicht des Nahrungsgeschäfts mehr Werth hat, als alle ästhetische Künste. Zur Erlernung der Theorie ist Thaers Einleitung, Theil 2, und dessen Niedersächsische Annalen, desgleichen John Johnstones Abhandlung über das Austrocknen der Sümpfe, übersetzt vom Graf v. Podewills, 1799, zu empfehlen *).

Meinen besondern Beifall hat die besondere Accuratesse, womit Hr. Fellenberg über den kleinsten Zweig seiner Wirthschaft Buch und Rechnung führt. Seine Methode grenzt an die doppelte Buchhaltung und ist also derjenigen fast ähnlich, welche Hr. Thaer empfiehlt, und so schön neuerdings in seinen Annalen auseinander gesetzt hat. Den höchsten Grad von Wahrheit erreicht jedoch Hr. Fellenberg noch nicht, indem er einige Posten, wohin besonders das Konto des Düngers und des Strohs gehört, noch nicht in das Verhältniß des Ganzen eingewebt hat. Zur Ausführung dieser Geschäfte bedient sich Hr. Fellenberg insonderheit seiner ökonomischen Schüler, denen er es zur Pflicht macht, nicht nur auf einzelne Branchen der Wirthschaft besonders aufmerksam zu seyn, sondern auch täglich und stündlich ihre Beobachtungen über Einnahme und Ausgabe, Kosten und Gewinn, Arbeit

*) Sie sind alle drei nicht klar und bestimmt genug, und man muß etwas besseres haben. Th.

und Lohn u. s. w. zu Papiere zu bringen *). Ueberhaupt mag man an Fellenbergs Wirthschaft tadeln, was man will, wie den der eine diese der andere jene Ansicht mitbringt; Hrn. Fellenbergs Eifer, Gutes zu wirken und zu verbreiten, wird und kann Niemand in Zweifel ziehen, obgleich jeder ein verschiedenes Motiv zum Grunde legen wird. Auf diesen Eifer, Gutes zu verbreiten, gründet sich auch seine ökonomische Lehranstalt. Diese wenigstens ein halbes Jahr zu besuchen, rathe ich jedem jungen Oekonomen, der sich von Betreibung dieser Wissenschaft nähren oder doch nur richtige Kenntnisse derselben erwerben will.

Selbst dem jungen Staatsmann, dem Sohne des Fürsten, dem jungen Herrn, von welcher Geburt er auch sey, der einst in Besitz eines Landguts zu kommen gedenkt, ist der Aufenthalt in Hofwyl, sey er auch etwas einsam, nicht genug zu

*) Hierauf möchte sich doch nicht zu verlassen seyn. Man kann es wohl bei einzelnen besonders merkwürdigen Geschäften zur Uebung dieser Schüler thun, aber es muß doch derjenige, welcher die beständige Aufsicht auf die Geschäfte hat, die Anzeichnungen selbst machen. Meine Schüler sind so beschäftigt, daß sie nicht Zeit haben, so genau wie nöthig darauf zu achten. Th.

empfehlen *). Wer Lust hat, etwas Gründliches zu lernen, dem wird die Zeit nicht lang werden, ja eben die Absonderung von den gesellschaftlichen Zirkeln und Assemblees ist der ländlichen Muse, die auch in Kleinigkeiten Interesse finden muß, so günstig. In Hofwyl vereinigt sich alles, was den Oekonomen zum Oekonomen bilden kann. Man wird gebildet in der Denkungsart, im Geiste der Forschung, in Auffindung der Wahrheit, und übt sich in der Kunst, das Wahre vom Falschen und das Nothwendige von dem zu unterscheiden, was bloß zur Zierde und Bequemlichkeit gereicht. Dazu giebt sowohl Hr. Fellenberg als die häufigen Besuche von Fremden, die dieses loben, jenes tadeln, dieses bejahen, jenes bezweifeln, gar häufige Veranlassung, die man an andern Orten vergebens sucht **). Sodann herrscht in Hofwyl die größte Ordnung in allen Geschäften, und eine Reinlichkeit, die ein wesentliches Erforderniß ist, wenn ein

*) Wer die Sache nicht näher haben kann, der kann hier allerdings einen sehr betriebsamen Ackerbau kennen lernen, und einen höchst thätigen, für die Sache glühenden Mann. Th.

**) Daß dem so seyn könne, kann ich aus Erfahrung bezeugen, so wie alle die sich seit 1807 zu Mögelin aufgehalten haben, es thun werden. Th.

Mann von Bildung an den Geschäften der Oeko-nomie Vergnügen finden soll. Der menschliche Geist erhebt sich, wenn er die Betreibung des land-wirthschaftlichen Gewerbes nicht bloß als ein Mittel ansieht, sich Reichthum und andere Erdengüter zu verschaffen, sondern wo man dieses Geschäft betrachten lernt, als Mittel, den Schöpfer im Tempel der Natur kennen und verehren zu lernen.

Daß die landwirthschaftlichen Instrumente, welche in Hofwyl verfertiget werden, nicht nur ein wesentliches Erforderniß bei einer solchen Wirthschaft sind, sondern auch in gewöhnlichen Dreifelderwirthschaften von einiger Bedeutung mit Nutzen angewendet werden können, versteht sich von selbst. Hr. Fellenberg hat von diesen seinen Instrumenten, zu deren Verfertigung er in der ganzen Schweiz ein ausschließliches Privilegium erlangt hat *), bereits in den landwirthschaftlichen Blättern Nachricht gegeben. Die ersten Formen dazu ließ er sich aus England kommen **), und schon

*) Hiervon wird Hr. F. doch hoffentlich keinen Gebrauch machen? Th.

**) Hier liegt wohl ein kleiner geographischer Irrthum zum Grunde, der aber verzeihlich ist. Mir sind schon manche Deutsche und Franzosen vorgekommen, die da glaubten, daß Hannover in England liege. Th.

hat er vieles zu deren Verbesserung gethan; allein noch nicht alles ist geleistet; er arbeitet noch täglich an Vereinfachung und Vervollkommung derselben. Da ich die vorzüglichsten Instrumente selbst bestellt habe, und sie täglich erwarte, so werde ich erst dann ausführlich davon Meldung thun, wenn ich sie auf eignen Grund und Boden probiret habe *).

Endlich noch einige Worte über den reinen Ertrag von Hofwyl, jedoch solches nicht von Seiten einer Lehranstalt und einer Fabrik, sondern bloß in seiner landwirthschaftlichen Beziehung betrachtet

Hr. Fellenberg behauptet öfterer in seinen landwirthschaftlichen Blättern, er wolle es dahin bringen, daß Hofwyl, statt ehemals 300 Mütt abgetragen zu haben, 3000 Mütt Getreide zur Ausbeute geben solle. Ehe ich die Frage beantworte, ob dies dereinst zu hoffen stehe, muß ich auf die Möglichkeit einer leicht vorgehenden Täuschung aufmerksam machen. Es wird nämlich auf Hofwyl eine große Menge Spelz gebauet, der bekanntermaßen eine sehr feste Hülse hat, und also den Sack

---

*) Der Hr. Verf. hätte sie wohl näher haben können. Indessen ist es gut, daß er sich selbige von daher kommen ließ, um die etwa von Hrn. F. gemachten Verbesserungen, die ich keinesweges bezweifle, kennen zu lernen. Th.

mehr anfüllt als andere Früchte. Zwei Säcke oder 2 Mütt Spelz haben noch nicht den Werth von einem Mütt Weizen; also 3000 Mütt Spelz sind noch nicht so viel an innerem Gehalt, als 1500 Mütt Weizen, Rocken oder Gerste. Dies also vors erste wohl gemerkt.

Fürs zweite fragt es sich, ob Hr. Fellenberg ein einziges Jahr meint, oder jahrjährlich, wenn er behauptet, 3000 Mütt Getreide zu bauen *). Ganz bestimmt könnte Hr. Fellenberg, statt daß er jetzt etwa 120 Juchart Land mit Getreide besäet, einmal sein ganzes Feld, also 200 Juchart mit Getreide besäen. Es ist wohl keinem Zweifel unterworfen, daß, wenn Hr. Fellenberg 200 Juchart mit Spelz besäet, er 3000 Mütt Spelz bauen könne. Denn es gehört nur ein mittelmäßiges Jahr dazu, um 15 Mütt Spelz auf einem Juchart zu bauen; und in der guten Verfassung, in welcher Hofwyl ist und kommen wird, verträgt der Boden recht gut, einmal eine totale Besäung mit Getreide auf ein Jahr.

*) Er sagt in seinen Blättern von Hofwyl ausdrücklich jährlich. Und das Gegentheil wäre ja auch eine lächerliche Zweideutigkeit, die man Hrn. F. durchaus nicht zutrauen kann. Th.

So halte ich Hrn. Fellenbergs Behauptung ganz und gar der Wahrheit angemessen, und ich glaube es daher auch recht gern, daß die Zehent-Commission schon einmal den Abtrag des Wylhofs zu 1500 Mütt taxirt hat.

Allein wenn wir bloß von Weizen, Rocken und Gerste sprechen, oder den Spelz als glatte Frucht mit den andern harten Früchten balancirt, so sehe ich unter der gegenwärtigen Wirthschaft, wo nur etwa $\frac{3}{5}$ des Guts mit Getreide und behackten Bohnen besäet wird, die Möglichkeit dessen nicht ein *). Es ist schon genug, wenn es Hr. Fellenberg so weit bringt, 1000 Mütt harte glatte Frucht zu bauen. Für dieses Jahr schätze ich den Ertrag auf 900 Mütt Rocken und Weizen, oder glatte Spelzenfrucht.

Schlagen wir dieses zu Geld an, so ergiebt sich folgender Ertrag:

900 Mütt Weizen und Rocken, im Durchschnitt der Jahre zu 6 Thlr. . . .	5400 Thlr.
Hanf, Flachs und Leindotter, .	500 =

20 Mast-

*) Ich erkenne die Möglichkeit an und zwar ganz nach Hrn. F. Sinne, aber nur in fruchtbaren, nicht in jedem Jahre. Th.

20 Mastochsen, jährlicher Gewinn, à 50 Thlr.	1000 Thlr.
40 Kühe jährl. Benutzung à 50 Thlr.	2000 =
40 Schafe à 2½ Thlr.	100 =
	9000 Thlr.

Davon gehen nun ab vor allen Dingen die Interessen des Kapitals, wofür der Wylhof angekauft worden ist. Dieses Kapital kann ich aus oben angezeigten Ursachen schlechterdings nicht so hoch annehmen, wie Hr. Fellenberg das Gut gekauft hat. Da ich den Preis der dazu gehörenden Waldung nicht bestimmen kann, so rechne ich hier bloß den wahren Werth der Aecker und Wiesen und der landwirthschaftlichen Gebäude, jedoch nur ihren wahren Werth, nicht aber die Eleganz, welche ein außerwesentliches Stück der Landwirthschaft ist. Ich lege zur Beurtheilung dessen das allerhöchste Pachtjahr zu 1600 Laubthalern zum Grunde. Dieses zu 5 pCt. zum Kapital geschlagen, trägt 52,000 Thlr. als Ankaufspreis.

Also ist Ausgabe:

Die Interesse von 52,000 Thlrn. Ankaufskapital des Wylhofs	2600 Thlr.
Die Interesse von 10,000 Thlrn. Betriebskapital zu 5 pCt. .	500

Die jährlichen Wirthschaftsunkosten nach einer ungefähren Berechnung	4000	=
	7100	=

Balance:

Einnahme	9000	Thlr.
Ausgabe	7100	=
Reiner Gewinn	1900	=

Diesen reinen Gewinn würde Hr. Fellenberg ganz bestimmt schon bei mäßigen Getreidepreisen aus seinem Gute ziehen:

1) wenn nicht ein großer Theil des Ankaufskapitals, welches durch den Acker verinteressirt werden soll, in der mitgekauften Waldung begriffen wäre.

2) Wenn Hrn. Fellenbergs wirthschaftliche Gebäude mit weniger Eleganz und Kosten eingerichtet wären, die ein so kleines Gut kaum ertragen kann.

3) Wenn die Anzahl der Pferde vermindert und statt deren die zur Mast aufgestellt werdenden Ochsen zum Zug gebraucht würden.

Keine andere Wirthschaftsweise würde im Stande seyn, dies aufgewendete hohe Kapital zu verinteressiren. Nur Fellenbergs musterhafte Feldbestellung, nur die dadurch entstehenden reichen Ernten sind im Stande, einen so hohen Ertrag zu gewähren. Wer wird also wohl zweifeln oder Bedenken tragen, seine Feldbestellung in ähnlichen Lokalitäten mutatis mutandis nachzuahmen.

Stadtilm, den 10. Sept. 1808.

A. Hoffmann.

Nachschrift.

Es war mir sehr angenehm, diese, wie es scheint ganz unpartheiische Nachricht von der Fellenbergischen Wirthschaft zu erhalten, und meinen Lesern mittheilen zu können. Sie giebt zuerst eine klare und vollständige Ansicht, die man in dem, was vorher darüber geschrieben war, und besonders in Hrn. Fellenbergs eigner Nachricht vergeblich suchte. Ich hatte viele, zum Theil sehr respektable Aufforderungen erhalten, meine Meinung über diese so vieles Aufsehen erregende Sache abzugeben, wollte dieses aber, ohne vorher etwas bestimmteres darüber zu wissen, aus mehreren Ursachen nicht thun. Denn ob ich gleich verschiedene Nachrichten von solchen, die Hofwyl besucht hatten mitgetheilt erhielt, auch ein Herr Albrecht aus Rothenburg (ein junger Mann von vielen Kenntnissen), der sich eine geraume Zeit bei Herrn F. aufgehalten hatte und den ich mit Vergnügen unter meine Schüler zähle, beinah einen jährigen Kursus bei mir machte, und von hier ab wieder nach Hofwyl (wie ich vermuthen muß, um eine Lehrerstelle daselbst anzunehmen) zurück ging, so konnte ich doch weder aus jenen noch von diesem mehr erfahren, als daß Hr. Fellenberg die englische Wirthschaft betreibe, tief pflüge, vielen Dünger ankaufe, und viele Abwässerungs- und Wässerungsanlagen gemacht habe, übrigens ein thätiger und braver Mann sey.

Wer allein nach den landwirthschaftlichen Blättern von Hofwyl, den Lettres de S. E. le Général Vial, denen des Hrn. Pictet oder den Nachrichten, welche in viele Zeitungen und Journale eingerückt worden, nur urtheilen konnte, mußte glauben, es sey entweder ein Wunder daselbst geschehen oder es sey baare Marktschreierei. Und da nun erstere, wenigstens in unsern Zeiten seltner, wie letztere sind, so erklärten es die meisten verständigen Leute für dieses. Ich gestehe, daß ich nach jenen Schriften nicht anders würde geurtheilt haben, wenn mir nicht gedachter Hr. Albrecht, auf dessen Wort ich alles Vertrauen setze, einen Begriff von Hrn. Fellenbergs Charakter gemacht hätte der mit eigentlicher Charlatanerie nicht vereinbarlich ist. Ich sahe also wohl, daß er Enthusiast und liebenswürdiger Enthusiast ist, denn sein Enthusiasmus gründete sich auf die edelsten und menschenfreundlichsten Absichten, besonders auf reine, warme Vaterlandsliebe. Er ist von der Idee, die Ackerkultur zu veredeln und dadurch auf die Vervollkommnung der Menschheit zu wirken, lebhaft ergriffen. Aber es fehlt ihm, wie allen Autodidakten und Männern seiner Art, an allgemeiner Uebersicht und an bestimmten Begriffen von den mannigfaltigen Verhältnissen der Landwirthschaft, weshalb er von seinem Lokal und von seiner Lage über alle urtheilt, und was er für jene nützlich und ausführbar fand, nun zur allgemeinen Regel machen will. Dazu kommt sein unverständlicher deutscher Styl, den er durch Lesung gewisser Schriften, wie es scheint, noch mehr verbildet hat; der Zufluß von Ideen, die er nicht zu ordnen weiß, und die Verwechselung von Idee und von Wirklichkeit, von dem, was er auszuführen und was er zu erreichen für möglich hält, mit dem, was er wirklich gethan und erlangt hat. So scheint es denn auch oft als ob er das, was er sagt und was er gethan hat, für seine eigene Erfindung halte und ausgebe — wirklich nicht aus Prahlerei, sondern weil er sich nicht deutlich mehr bewußt ist, daß er es von andern hergenommen hat. Solche Leute erzählen einem oft wörtlich das als eigne Erfindung, als eigene

Gedanken wieder, was man sie kurz zuvor gelehrt hat: sie haben sichs so ganz angeeignet, so ganz in eignes Blut und Kraft verwandelt, daß sie nicht mehr wissen, wie es in sie hinein gekommen ist. Mir macht es immer Freude mündlich das zu hören. Aber in Schriften? — Je nun! solche Schriften muß man nicht anders als eine mündliche Expectoration an ihr Publikum ansehen, und die Forderungen nicht an sie machen die man an wirkliche Schriftsteller macht. Indessen hätte Hr. F. besser gethan, wenn er das, was er dem Publikum vortragen wollte, durch einen andern hätte vortragen lassen; und ich rathe ihm, das in der Folge zu thun. Er hat auch nicht kaltes Blut genug zum Schreiben, über Gegenstände die ihn so lebhaft interessiren, aber nicht Sache des Gefühls sondern der Erfahrung und des Verstandes sind.

Ein großes Verdienst um die Verbreitung der Kenntniß eines bessern Wirthschafts-Systems, besserer Bestellungs-Methoden, und vorzüglicher Ackerwerkzeuge in dortiger Gegend kann ihm niemand absprechen. Er hat viel geleistet und gezeigt wie hoch man die Production über die gewöhnlich angenommenen Sätze treiben kann. Ob er es ökonomisch richtig, d. h. mit dem möglich höchsten reinen Gewinn gethan habe — wobei allerdings der vergrößerte Kapitalwerth seines Guts in Anschlag zu bringen ist — frägt sich noch. Aber da er kein Landwirth von Profession war, wie er dieß zu unternehmen wagte, kann man ihm um so weniger einige Fehlgriffe zur Last legen. Wir bedürfen in unsern Gegenden dieses Beispiels nicht mehr; wir haben größere und auffallendere. Mit der Fellenbergschen Wirthschaft steht die des Hrn. Kriegsrath Scharnweber zu Lichtenberg bei Berlin gewissermaßen in einer Kategorie. Hier erhob sich ein Gut von 1100 Morgen Ackerland ungleich schlechteren Bodens, dessen größerer Theil bisher gar keinen Dünger erhalten hatte, sondern als 3 und 6jähriges Roggenland behandelt war, bei einem ungefähr gleichen Acker-System, aber mit Hülfe des Stadtdüngers innerhalb vier Jahren zu einer Fruchtbarkeit und zu einem Ertrage, der dem Fellenbergschen nach Verhältniß seiner Fläche gewiß nichts nachgiebt; ebenfalls durch einen Mann, der den Ackerbau erst seit kurzem theoretisch kennen gelernt hatte. Und zwar, was am merkwürdigsten ist, durch einen Mann, der gar kein Vermögen, sondern nur persönlichen Credit besaß, zu einer Zeit und in einer Lage die für jeden andern Landwirth lähmend war, während der französischen Invasion. Sie unterscheidet sich freilich darin, daß Hr. Scharnweber den größern Theil seiner Futtergewächse, selbst seines Klees, vortheilhafter nach Berlin verkauft, und einen Theil seines Düngers eben daher ankauft. Aber der Verkauf von jenen übersteigt die Kosten von diesen wenigstens dreifach, und es kann kein Mensch bezweifeln, daß er jetzt überflüßigen und mehreren Dünger gewinnen würde, wenn er alles auf seinem Hofe verfütterte, als er nun aus Berlin anfahren läßt. Hier sieht man alles wenigstens in derselben Vollkommenheit, wie zu Hofwyl. Viele andere in hiesiger Gegend neu entstandene Wirthschaften dieser Art können zu so hoher Kraft und Produktion noch nicht gelanget seyn, da sie sich ganz durch sich selbst und bei einem sehr geringen Wiesenverhältnisse nur allmählig zu einem hinreichenden Düngerstande erheben müssen, und noch keine ihre Rotation durch gemacht hat; besonders aber auch da der unglückliche Zeitpunkt des Krieges, der alle wirthschaftlichen Verhältnisse zerstörte und alle Hülfsquellen erschöpfte, sie gerade in ihrem Entstehen traf. Auf fruchtbarerem Boden und bei genugsamen Wiesen hat es in hiesiger Gegend der Hr. Major v. d. Marwitz auf Friedersdorf ohne Zweifel am weitesten gebracht. Also: aus unsern Gegenden und aus vielen andern braucht niemand nach Hofwyl zu reisen, um zu sehen was solche Methoden bewürken können. Er hat Gelegenheit genug es eben so vollkommen aber in größerm Maßstabe zu sehen, und was noch mehr ist, zu beachten wie es sich aus und durch sich selbst natürlich und ohne Aufwand, ohne tiefes Pflügen, ohne Aufopferung von Ernten, ohne Düngerankauf, langsamer, aber sicher entwickelt. Für andere Gegenden aber, die der Schweiz näher sind, ist das Beispiel und der Unterricht wichtig den man dort erlangen kann.

Wenn Hr. Fellenberg Lehrer bekommt, die der Sache gewachsen sind — wenn z. B. oben erwähnter Hr. Albrecht bei ihm bleibt — so zweifle ich nicht daß er bei seinem Enthusiasmus, seiner Thätigkeit und seiner Ordnungsliebe, ein sehr nützliches landwirthschaftliches Unterrichts-Institut für dortige Gegend stiften werde. Er wird aber finden, daß die Sache schwerer ist, als sie scheint, und daß man ein trefflicher Landwirth, aber dennoch nicht im Stande seyn könne, wissenschaftlich in seinem Fache zu unterrichten, ohne Einseitigkeiten darzustellen und Blößen zu geben. Denn das mechanische Abrichten kann der Zweck solcher Institute nicht seyn. Ich glaube Ihm und Allen die jetzt solche Institute errichten wollen, durch die

Herausgabe meines Werks über die rationelle Landwirthschaft sehr vorgearbeitet zu haben, und ich wünsche ihnen allen aufrichtig viel Glück dazu, da ich überzeugt bin, daß keins den Fortgang des meinigen stören werde. Es würde mir vielmehr Freude machen, die Idee welche ich über die Einrichtung solcher besonderer der Landwirthschaft gewidmeten Unterrichts-Institute wohl zuerst vorgetragen habe, in größerer Vollkommenheit ausgeführt zu sehen, wie es mir als Privat-Unternehmer bisher möglich war, ob ich gleich bei ruhigen Zeiten Hofnung habe, die Sache beträchtlich zu erweitern.

J. Schweitzer Verlag (Arthur Sellier) München

Bayerische Gemeindezeitung.

Organ für alle Gemeindeangelegenheiten des rechtsrhein. Bayern und der Pfalz.

Unter Mitwirkung namhafter bayerischer Verwaltungs- und Gemeindebeamten

herausgegeben von

Dr. Th. von Hauck, k. Oberstaatsanwalt a. D. a. Verw.-Ger.-H., und **Dr. Gg. Schmidt,** k. Bezirksamts-Assessor.

Jährlich 36 Nummern in Quartformat.

Preis jährlich **Mk. 8.—.** Portofreie Zusendung.

Der Jahrgang X (1900) kostet gebd. ermäßigt **Mk. 6.—.**
Der Jahrgang I (1891) kostet gebd. ermäßigt **Mk. 3.—.**
Die Jahrgänge II—IX (1892/99) kosten gebd. ermäßigt à **Mk. 1.20.**
Die Jahrgänge I—X (1891/1900) gebd. zusammengen. **Mk. 15.—.**

Juristische Monatschrift

zur Vorbereitung auf die Prüfungen für den höheren Justiz- und Verwaltungsdienst in Bayern.

Herausgegeben unter Mitwirkung mehrerer Juristen

von

Dr. Heinrich Becher,
k. Landgerichtsrat.

Die Jurist. Monatschrift erscheint vom 1. Januar 1900 an nicht mehr.

Die veröffentlichten 9 Jahrgänge behalten jedoch auf Jahre hinaus ihren Wert als vorzügliches Vorbereitungsmittel für den Staatskonkurs. Um die Anschaffung derselben zu erleichtern, wurde der Preis, der für die ganze Serie im Abonnement Mk. 90.— betrug, bedeutend herabgesetzt. Solange die zum Teil geringen Vorräte reichen, kosten:

Die Jahrgänge I—IX (1891—99) zusammengenommen **Mk. 15.—.**
Einzeln kosten die Jahrgänge I—III à **Mk. 2.50.**
„ „ „ „ IV—IX à **Mk. 1.50.**

Die

Vorschriften für die Praxis der geprüften Rechtspraktikanten in Bayern

enthaltend

die Kgl. Allerhöchste Verordnung vom 4. Januar 1901 und die Ministerial-Bekanntmachung vom 7. Januar 1901, die Praxis der Bewerber um Anstellung im höheren Justizstaatsdienste betr., nebst einem Anhang, die Kgl. Allerhöchste Verordnung vom 20. August 1868, die Verehelichung der Staatsdienstadspiranten betr.

Mit Einleitung, Anmerkungen und alphabetischem Sachregister

herausgegeben von

Th. von der Pfordten,

K. Amtsrichter.

München.
J. Schweitzer Verlag (Arthur Sellier).
1901.

Dr. Fr. P. Datterer & Cie., G. m. b. H. München-Freising.

Einleitung.

Die Vorschriften über die Praxis der geprüften Rechtspraktikanten waren bisher in der K. Verordnung vom 27. April 1880 (J.M.Bl. S. 121) und in der Ministerialbekanntmachung vom 15. Juni 1880 (J.M.Bl. S. 237) enthalten. Einige weitere, teils im J.M.Bl. veröffentlichte, teils autographierte Ministerialentschließungen hatten einzelne Verhältnisse (z. B. Militärdienst, Verehelichung, Führung der Personalakten u. s. w.) geregelt.

Die Verordnung ging von dem Grundsatz aus, daß jeder Bewerber um Anstellung nach Bestehen der zweiten Prüfung die Praxis bei einem Oberlandesgerichte, einem Landgerichte, bei der Staatsanwaltschaft, bei einem Amtsgericht, einem Rechtsanwalt oder Notare fortzusetzen habe. Diese Praxis sollte nicht länger als drei Monate und „nicht allzu häufig" unterbrochen werden.

Außerdem war für alle Bewerber um Anstellung im richterlichen oder staatsanwaltschaftlichen Dienst eine gerichtliche Praxis in der Dauer von mindestens einem Jahre vorgeschrieben. Die Hälfte dieser Praxis sollten die Bewerber um Anstellung im diesrheinischen Bayern bei einem Amtsgericht und zwar in der nichtstreitigen Rechtspflege — vorzugsweise im Hypothekenwesen — ableisten.

Mangel an Bewerbern machte längere Zeit hindurch ausgedehnte Dispensationen von dem Erfordernisse der einjährigen Praxis notwendig, bis schließlich im Jahre 1894 das Ministerium die strikte Anforderung stellte, daß zum mindesten die sechsmonatliche Praxis in der nichtstreitigen Rechtspflege geleistet werden müsse.

Auch die nunmehr erlassenen Bestimmungen fußen auf dem Grundsatze, daß der zweiten Prüfung eine Fortsetzung der Praxis bei einer Justizbehörde oder bei einem Rechtsanwalt oder in der Eigenschaft als Rechtsanwalt zu folgen habe. Die neue Verordnung gestattet jedoch auch eine Beschäftigung anderer Art, insbesondere auch im nichtbayerischen Dienst und im Privatdienste, vorbehaltlich der Genehmigung des Ministeriums und der Gewährleistung einer gründlichen Ausbildung.

Neben der allgemein geforderten Praxis wird aber auch noch für die Bewerber um Anstellung in einem bestimmten Dienstzweige eine besondere Praxis gefordert, auf deren unverkürzte Ableistung besonderes Gewicht gelegt wird. Eine solche besondere Praxis wird vor allem verlangt für die Bewerber um Richterstellen und für die Bewerber um Anstellung im staatsanwaltschaftlichen Dienste.

Neuerungen bringen die Vorschriften insbesondere für die bei Notariaten beschäftigten geprüften Rechtspraktikanten. Die Notariate haben durch das Notariatsgesetz von 1899 die Stellung von Justizbehörden erlangt: der Notar ist daher nunmehr in jeder Beziehung als Amtsvorstand zu betrachten und es erwachsen ihm daher neue Befugnisse und Pflichten gegenüber den ihm unterstellten Bewerbern.

Der Ministerialbekanntmachung sind lehrreiche Übersichten über die Anstellungsverhältnisse beigefügt, die wegen ihrer Bedeutung für die Bewerber auch in dieser Ausgabe abgedruckt worden sind.

Die Erläuterungen sollen den Zusammenhang der einzelnen Bestimmungen veranschaulichen und über Fragen Aufschluß geben, die nicht unmittelbar in den Vorschriften gelöst sind. Ein Nachschlageregister ist beigefügt.

§ 8. Das Staatsministerium der Justiz kann im einzelnen Falle anordnen, daß ein Bewerber die auf grund des § 7 allgemein vorgeschriebene Praxis verlängere oder eine Praxis bestimmter Art nehme, wenn seine bisherige Praxis oder Beschäftigung ihrer Art, ihrer Dauer oder ihrem Ergebnisse nach für die erstrebte Anstellung nicht genügend erscheint.

§ 9. Die bei einer Justizbehörde in Praxis befindlichen geprüften Rechtspraktikanten unterstehen der Dienstaufsicht des Vorstandes der Behörde und der vorgesetzten Behörden; die bei einem Rechtsanwalt in Praxis befindlichen geprüften Rechtspraktikanten der Dienstaufsicht des Rechtsanwalts, des Vorstandes des Gerichts, bei dem der Rechtsanwalt zugelassen ist und der vorgesetzten Aufsichtsbehörden; die in Bayern in Beschäftigung nach § 2 stehenden geprüften Rechtspraktikanten der Dienstaufsicht des Präsidenten des Landgerichts und der vorgesetzten Aufsichtsbehörden.

Ist der Rechtsanwalt, bei dem sich ein geprüfter Rechtspraktikant in Praxis befindet, bei mehreren Gerichten verschiedener Ordnung zugelassen, so untersteht der geprüfte Rechtspraktikant der Dienstaufsicht des Vorstandes des Gerichts niederer Ordnung und der diesem vorgesetzten Aufsichtsbehörden, im Falle gleichzeitiger Zulassung des Rechtsanwalts bei den Landgerichten München I und II der Dienstaufsicht des Präsidenten des Landgerichts München I und der diesem vorgesetzten Aufsichtsbehörden.

1. Zur Aufsicht über die in Bayern in Beschäftigung nach § 2 stehenden geprüften Rechtspraktikanten wird der Präsident desjenigen Landgerichts zuständig sein, in dessen Bezirke der Bewerber in Praxis steht.

2. Die Aufsicht über diejenigen Bewerber, die nach § 2 Praxis außerhalb Bayerns genommen haben, wird nur vom Staatsministerium der Justiz geübt werden können, ebenso die Aufsicht über die Bewerber, die ihre Praxis als Rechtsanwälte in Bayern fortsetzen (s. jedoch §§ 25, 26 M.B.).

3. Die bei einem Notariate beschäftigten Bewerber unterstehen der Aufsicht des Notars und der diesem vorgesetzten Behörden (s. Art. 63 des Notariatsgesetzes. Der Notar hat in jeder Beziehung die Stellung des Amtsvorstands.

4. S. a. Bem. 5 zu § 6.

§ 10. Die bei einer Justizbehörde in Praxis befindlichen geprüften Rechtspraktikanten unterstehen der Disziplin des

Amtsvorstandes, die Rechtspraktikanten, welche die Praxis bei einem Rechtsanwalte fortsetzen, der Disziplin des Präsidenten des Landgerichts.

Disziplinarmittel ist die Zurechtweisung. Ist diese fruchtlos oder mit Rücksicht auf die Verfehlung ungenügend, so ist an das Staatsministerium der Justiz zu berichten. Inzwischen kann der Inhaber der Disziplinargewalt dem Rechtspraktikanten die Fortsetzung der Praxis vorläufig untersagen.

Das Staatsministerium der Justiz kann je nach der Schwere des Verschuldens einen Verweis mit Androhung der Entlassung oder Ausschließung von der Praxis, die Entlassung aus der Praxis ohne Untersagung der anderweitigen Fortsetzung oder die zeitweilige oder dauernde Ausschließung von der Fortsetzung der Praxis überhaupt verfügen.

Für die zur Rechtsanwaltschaft zugelassenen Bewerber bewendet es bei den Vorschriften der Rechtsanwaltsordnung. Das Staatsministerium der Justiz kann einen solchen Bewerber aus disziplinären Erwägungen aus der Liste der Bewerber streichen.

1. Die Disziplinargewalt fällt im allgemeinen mit dem Rechte der Dienstaufsicht zusammen, mit der Ausnahme, daß den Rechtsanwälten keine Disziplinarbefugnis zugestanden ist und daß den Vorständen der Amtsgerichte die Disziplin über die Bewerber, die bei einem gleichzeitig am Amtsgericht und Landgericht zugelassenen Rechtsanwalt beschäftigt sind, nicht zusteht (s. a. Bem. 3).

2. Gegen Bewerber, die innerhalb oder außerhalb Bayerns Praxis nach § 2 genommen haben, stehen Disziplinarmittel nicht zur Verfügung. Wohl aber wird das Staatsministerium der Justiz auch diesen Bewerbern die Streichung aus der Liste der Bewerber androhen können, wenn ihr Verhalten zu Klagen Anlaß geben sollte.

3. Stehen Bewerber bei einem Rechtsanwalt in Praxis, der gleichzeitig bei den Landgerichten München I und II zugelassen ist, so wird der Schlußsatz des § 9 Abs. 2 entsprechend anzuwenden sein. Bewerber, die bei einem nur an einem Oberlandesgericht oder am Obersten Landesgerichte zugelassenen Rechtsanwalt in Praxis stehen, sind in erster Instanz der Disziplinargewalt des Präsidenten des Landgerichts unterstellt, in dessen Bezirke sie beschäftigt sind. Die Dienstaufsichtsbehörde wird diesem etwaige Verfehlungen mitzuteilen haben.

4. In welcher Form die Zurechtweisung erteilt werden soll, ist nicht ausdrücklich bestimmt; sie wird also mündlich oder schriftlich erteilt werden können. Das Recht der Beschwerde an die nächste vorgesetzte Behörde wird nicht zu versagen sein; an eine Frist dürfte die Beschwerde nicht gebunden sein.

Von der in § 10 Abs. 2 Satz 2 erwähnten Berichterstattung an das Staatsministerium der Justiz — welche eintritt, wenn der Vorgesetzte sich von der Zurechtweisung keinen Erfolg verspricht oder sie für ungenügend hält — ist die im § 25 Abs. 2 M.B. vorgeschriebene Berichterstattung über eine **erfolgte** Disziplinierung zu unterscheiden.

5. Der Beamte, dem die besondere Aufsicht übertragen ist (s. Bem. 5 zu § 6), hat als solcher keine Disziplinargewalt.

6. Für die Rechtsanwälte gelten die Vorschriften über das ehrengerichtliche Verfahren (§§ 62—97 der Rechtsanwaltsordnung). Gemäß Abs. 4 Satz 2 kann jedoch das Justizministerium, auch ohne daß ein ehrengerichtliches Verfahren eingeleitet wurde oder ohne daß der Ausgang eines eingeleiteten Verfahrens abgewartet wird, den Ausschluß von weiterer Bewerbung um Anstellung verfügen.

Vom Stande jedes ehrengerichtlichen Verfahrens wird das Ministerium verständigt (§ 26 M.B.).

7. Bezüglich der Notariatsverweser s. Art. 116 Abs. 2 des Notariatsgesetzes.

§ 11. Die bei einer bayerischen Justizbehörde die Praxis fortsetzenden geprüften Rechtspraktikanten sind verpflichtet, jederzeit eine Geschäftsaushilfe oder eine Hilfsarbeiterstelle bei einer bayerischen Justizbehörde zu übernehmen. Dieser Dienst gilt als Fortsetzung der Praxis.

Dies findet entsprechende Anwendung auch auf Bewerber, die in Bayern zur Rechtsanwaltschaft zugelassen sind oder die Praxis bei einem Rechtsanwalt in Bayern fortsetzen, sobald sie um Anstellung im höheren Justizstaatsdienste förmlich nachgesucht haben.

Bezüglich der Gewährung von Vergütungen, Tagegeldern und Reisekosten im Falle der Einberufung zur Geschäftsaushilfe oder auf Hilfsarbeiterstellen bewendet es bei den bestehenden Vorschriften.

1. Als Stellen im Sinne des § 11 Abs. 2 kommen z. B. in Betracht:

die Stellen der Hilfsarbeiter bei Amtsgerichtsvorständen, Landgerichts- und Oberlandesgerichtspräsidenten und im Justizministerium, ferner die Aushilfsstellen bei den Staatsanwaltschaften, bei den Hypothekenämtern, den Gerichtsschreibereien u. s. w.

2. Durch Abs. 2 werden die Rechtsanwälte, die förmlich um Anstellung nachgesucht haben, auch verpflichtet, im Fall ihrer Einberufung zur Dienstleistung die Aufgabe ihrer Zulassung zu erklären (s. übrigens § 27 Abs. 3 M.B.).

3. Die Verwendung nach § 11 gilt zwar als Fortsetzung der Praxis im Sinne des § 1, nicht aber als besondere Praxis im Sinne des § 7. Nur durch besondere Verfügung des Ministeriums kann sie dieser gleichgestellt werden.

4. Welche Folgen die Weigerung, einer Einberufung nach § 11 Folge zu leisten, nach sich zieht, ergibt sich aus § 27 M.B.

5. S. a. § 33 M.B.

6. Zu Abs. 3 vgl. die K. Allerh. Verordnung vom 11. Februar 1875 (G. u. V.Bl. S. 105).

§ 12. Bei der Erstattung von Anträgen auf Anstellung als dritter Staatsanwalt soll in erster Linie auf die mit den besten Noten gewürdigten Bewerber jedes Prüfungsjahrs und bezüglich der Anstellung im richterlichen Dienste außer auf die dritten Staatsanwälte insbesondere auf diejenigen Sekretäre Bedacht genommen werden, welche bei der zweiten Prüfung mit der ersten oder zweiten Note gewürdigt worden sind, zur Förderung der Geschäftsaufgaben der Gerichtsschreiberei wesentlich beigetragen und sich eine gründliche Ausbildung für den Richterdienst angeeignet haben.

Bei der Erstattung von Anträgen auf Besetzung von Notariaten sollen vorzugsweise diejenigen Bewerber berücksichtigt werden, welche mit der ersten oder zweiten Note gewürdigt wurden und bei der Verwesung von Notariaten Ersprießliches geleistet haben.

1. Aus § 12 ergibt sich, daß Bewerber, die bei der zweiten Prüfung mit der Note III gewürdigt wurden, in der Regel keine Aussicht auf Anstellung als Richter haben werden. Auch geht aus ihm hervor, daß der Anstellung als Richter regelmäßig die Anstellung als III. Staatsanwalt oder als Sekretär vorauszugehen hat und die sofortige Verwendung im richterlichen Dienste Ausnahmefall sein soll.

2. Zu Abs. 2 vgl. § 20 Nr. 4 M.B.

§ 13. Diese Verordnung tritt mit dem Tage ihrer Veröffentlichung im Gesetz- und Verordnungsblatt an die Stelle der bisher für die Fortsetzung der Praxis der Bewerber um Anstellung im höheren Justizstaatsdienste geltenden Vorschriften.

1. Durch § 13 werden aufgehoben:

   1. die K. Allerh. Verordnung vom 27. April 1880 (J.M.Bl. S. 121 ff.),
   2. die Ministerialbekanntmachung vom 15. Juli 1880 (J.M.Bl. S. 237 ff.),
   3. die autographierten Ministerialentschließungen vom 9. Juni 1894 Nr. 15374, vom 9. Juli 1895 Nr. 15463, vom 11. März 1897 Nr. 6850, vom 16. November 1897 Nr. 31015,
   4. die Ministerialbekanntmachung vom 24. September 1895 (J.M.Bl. S. 234).

2. Aufrecht erhalten bleiben die K. Allerh. Verordnung vom 20. August 1868 (Reg.Bl. S. 1609) und die autographierte Ministerialentschließung vom 20. Januar 1897 Nr. 126 (vgl. § 30 M.B.).

§ 14. Das Staatsministerium der Justiz wird ermächtigt, die zum Vollzuge dieser Verordnung nötigen Vorschriften zu erlassen.

Dem Justizministerium wird auch das Recht der Dispensation von der Einhaltung der Vorschriften zustehen.

München, den 4. Januar 1901.

Luitpold, Prinz von Bayern,
des Königreichs Bayern Verweser.

Dr. **Frhr. v. Leonrod.**

Königlich Allerhöchste Verordnung, die Praxis der Bewerber um Anstellung im höheren Justizstaatsdienste betr.

Auf Allerhöchsten Befehl:
Der General-Sekretär:
Ministerialrat
v. Thelemann.

Bekanntmachung.

Königliches Staatsministerium der Justiz.

Zur Ausführung der Königlich Allerhöchsten Verordnung vom 4. Januar 1901, die Praxis der Bewerber um Anstellung im höheren Justizstaatsdienste betreffend, werden auf grund des § 14 folgende Vorschriften erlassen:

I. §§ 1—7 zu den §§ 1, 2 der V.O.

§ 1. Die geprüften Rechtspraktikanten, die den Vorschriften der Verordnung vom 4. Januar 1901 entsprechend die Praxis fortsetzen oder Beschäftigung nehmen, werden, sofern nicht der Verzicht auf Anstellung ausdrücklich erklärt wird, als Bewerber um Anstellung im höheren Justizstaatsdienste betrachtet und in das bei dem Staatsministerium der Justiz geführte Hauptverzeichnis der Bewerber um Anstellung im höheren Justizstaatsdienst eingetragen.

1. Aus § 1 ergibt sich, daß es in der Regel eines besonderen Gesuches um Aufnahme in das Hauptverzeichnis nicht bedarf, sondern daß die Aufnahme ins Verzeichnis dadurch erwirkt wird, daß der Bewerber eine den Vorschriften des § 1 V.O. entsprechende Praxis nimmt oder in eine Beschäftigung nach § 2 V.O. mit Genehmigung des Ministeriums eintritt. Im letzteren Falle genügt jedoch die Genehmigung für sich allein nicht, es muß vielmehr von ihr auch thatsächlich Gebrauch gemacht werden und daraus geht hervor, daß der Bewerber seinen Eintritt in die Praxis nach § 2 dem Ministerium anzeigen muß, auch wenn ihm dies nicht besonders zur Auflage gemacht wurde. Sonst ließe sich nicht beurteilen, ob er die Praxis fortgesetzt hat.

2. Ausnahmen von der Regel des § 1 ergeben sich aus §§ 2, 4 und § 30 Abs. 2 M.B.

§ 2. Diejenigen geprüften Rechtspraktikanten, welche die Zulassung zur Rechtsanwaltschaft bei einem bayerischen Gericht erlangen, ohne vorher die Praxis im Sinne der §§ 1, 2 der Verordnung fortgesetzt zu haben, und welche daher auch nicht in das Hauptverzeichnis eingetragen waren, werden künftig in das Hauptverzeichnis nur eingetragen, wenn sie die Erklärung abgeben, daß sie als Bewerber um Anstellung im höheren Justizstaatsdienste betrachtet sein wollen. Diejenigen geprüften Rechtspraktikanten, welche die Zulassung zur Rechtsanwaltschaft bei einem bayerischen Gericht erlangen, nachdem sie vorher in das Hauptverzeichnis eingetragen waren, werden künftig im Hauptverzeichnisse nur dann fortgeführt, wenn sie gleichzeitig mit dem Gesuch um Zulassung zur Rechtsanwaltschaft die Erklärung abgegeben haben, daß sie auch ferner als Bewerber um Anstellung im höheren Justizstaatsdienste betrachtet sein wollen. Nach Ablauf von drei Jahren werden sie vom Hauptverzeichnisse gestrichen, wenn sie nicht vorher um Aufrechthaltung ihrer Eigenschaft als Bewerber für eine bestimmte weitere Zeitdauer nachgesucht oder ein förmliches Gesuch um Anstellung im höheren Justizstaatsdienst eingereicht haben.

Die zur Zeit im Hauptverzeichnis eingetragenen geprüften Rechtspraktikanten, welche die Zulassung zur Rechtsanwaltschaft bereits erlangt und noch nicht förmlich um Anstellung im höheren Justizstaatsdienste nachgesucht haben, sind durch die Vorstände der Gerichte, bei denen sie zugelassen sind, zur sofortigen Abgabe einer Erklärung zu veranlassen; ob sie ferner noch als Bewerber um Anstellung im höheren Justizstaatsdienste betrachtet sein wollen. Die Erklärungen sind dem Staatsministerium der Justiz vorzulegen. Diejenigen Rechtsanwälte, welche eine bejahende Erklärung abgeben, werden bis zum 31. Dezember 1903 im Hauptverzeichnisse fortgeführt werden. Für die Folge findet auch auf sie die Bestimmung im Abs. 1 Satz 3 Anwendung.

Die hienach erforderlichen Erklärungen der Rechtsanwälte sind, wenn sie nicht vor der Zulassung zur Rechtsanwaltschaft in dem Gesuch um Zulassung oder in einem Nachtrage hiezu erfolgen, dem Vorstande des Gerichts gegenüber abzugeben, bei dem sie zugelassen sind, im Falle ihrer gleichzeitigen Zulassung bei mehreren Gerichten gegenüber dem Vorstande des Gerichts niederer Ordnung, im Falle gleichzeitiger Zulassung bei den Landgerichten München I und II gegenüber dem Präsidenten des Landgerichts München I. Die Erklärungen sind stets *sofort* dem Staatsministerium der Justiz vorzulegen. Eine Abschrift ist dem Oberstaatsanwalte bei dem Oberlandesgericht und den Vorständen der übrigen Gerichte, bei denen der Rechtsanwalt zugelassen ist, mitzuteilen.

Von den in dem Gesuch um Zulassung zur Rechtsanwaltschaft oder in einem Nachtrage hiezu enthaltenen Erklärungen werden der Oberstaatsanwalt und die Vorstände der Gerichte, bei denen die Zulassung erfolgt, durch das Staatsministerium der Justiz benachrichtigt werden.

1. Die in Abs. 1 Satz 1 bezeichneten Bewerber müssen um Aufnahme in das Hauptverzeichnis nicht notwendig gleichzeitig mit dem Gesuch um Zulassung nachsuchen, sie können dies auch später noch thun (vgl. Abs. 3).

2. Etwas anders steht es mit den in Abs. 1 Satz 2 bezeichneten Bewerbern. Diese werden gestrichen, wenn sie nicht gleichzeitig mit dem Gesuch um Zulassung um Weiterführung im Hauptverzeichnisse bitten. Sind sie gestrichen, so werden sie einfach wie die in Abs. 1 Satz 1 bezeichneten Bewerber behandelt.

3. Abs. 1 Satz 3 bezieht sich auf beide vorhergehende Sätze. Die dreijährige Frist ist von dem Zeitpunkt an zu berechnen, in dem der Bewerber in seiner Eigenschaft als Rechtsanwalt in das Hauptverzeichnis eingetragen oder in diesem fortgeführt wurde. Auch bei Versäumung der Frist ist eine nochmalige Aufnahme in das Hauptverzeichnis möglich; ein Recht auf diese besteht jedoch nicht.

4. Gibt ein im Hauptverzeichnis eingetragener Rechtsanwalt die Zulassung auf und tritt in eine den Bestimmungen der Verordnung entsprechende Praxis, so wird er wie ein Bewerber im Sinne des § 1 M.B. behandelt. Abs. 1 Satz 3 findet dann keine Anwendung mehr auf ihn.

Auch ein im Hauptverzeichnis nicht eingetragener Rechtsanwalt, der unter Aufgabe der Zulassung entsprechende Praxis nimmt, wird nach § 1 M.B. zu behandeln sein und es wird ihn auch nicht der Nachteil des § 4 M.B. treffen, weil ihm der § 1 V.O. gestattet, die Praxis als Rechtsanwalt fortzusetzen.

5. Die Mitteilungen an die Oberstaatsanwälte sollen diesen die ihnen nach § 26 obliegenden Anzeigen ermöglichen.

§ 3. Die Beschäftigung bei dem Bureau einer Kammer des Landtags und bei dem stenographischen Bureau des Reichstags ist den geprüften Rechtspraktikanten gestattet und gilt als Beschäftigung im Sinne des § 2 der Verordnung, ohne daß im einzelnen Falle die Genehmigung des Staatsministeriums der Justiz einzuholen ist.

§ 4. Ein geprüfter Rechtspraktikant, der den Eintritt in eine den Vorschriften der Verordnung entsprechende Praxis oder Beschäftigung länger als drei Monate nach der Bekanntgabe des Prüfungsergebnisses unterlassen hat, hat um die Aufnahme in das Hauptverzeichnis förmlich nachzusuchen. Das Gesuch ist bei dem Staatsministerium der Justiz einzureichen und mit Zeugnissen darüber zu belegen, wie sich der Gesuchsteller seit der zweiten Prüfung beschäftigt und geführt hat. Im Gesuch ist zugleich anzugeben, in welcher Weise der geprüfte Rechtspraktikant die Praxis fortsetzen will. Bevor die Aufnahme in das Hauptverzeichnis vom Staatsministerium der Justiz bewilligt ist, darf der Rechtspraktikant bei keiner Justizbehörde zur Fortsetzung der Praxis zugelassen werden.

1. Ueber die Bekanntgabe des Prüfungsergebnisses s. § 125 der Ministerialbekanntmachung vom 6. Juli 1899.

2. Die Unterlassung des rechtzeitigen Eintritts in die Praxis hat gemäß § 4 nicht den Verlust der Anwartschaft auf Anstellung zur Folge. Ein Recht auf Aufnahme in das Hauptverzeichnis hat jedoch der nach § 4 Nachsuchende nicht; das Ministerium kann nach freiem Ermessen prüfen, ob von einer Fortsetzung der Praxis noch ein Erfolg zu erwarten ist.

3. § 4 ist selbstverständlich auch anzuwenden, wenn ein geprüfter Rechtspraktikant gelegentlich des Gesuchs um Zulassung zur Rechtsanwaltschaft erklärt, er wolle noch als Bewerber betrachtet sein.

4. S. a. §§ 6 und 7 M.B.

5. Ueber den Fall, daß die Ableistung des Militärdienstes vor Eintritt in die Praxis erfolgt, s. Bem. 2 zu § 5.

6. S. a. Bem. 4 zu § 5 M.B.

§ 5. Ein geprüfter Rechtspraktikant, welcher die Praxis oder Beschäftigung länger als drei Monate unterbrochen hat, wird vom Hauptverzeichnisse gestrichen. Auf seine Wiederaufnahme in das Hauptverzeichnis und seine Zulassung zur Praxis bei einer Justizbehörde finden die Vorschriften des § 4 entsprechende Anwendung.

1. Der Rechtspraktikant kann gemäß § 5 M.B. seine Praxis — vorbehaltlich der nach § 7 M.B. drohenden Nachteile — jederzeit für drei Monate unterbrechen. Die besondere Praxis (Bem. 1 zu § 1 B.O.) darf in der Regel nicht unterbrochen werden (§ 22 M.B.).

2. Militärische Übungen (Reserveübungen) sind keine Unterbrechung der Praxis (§ 19 Abs. 4 M.B.).

Anders steht es dagegen mit der Ableistung des Militärdienstes (Abdienen des Einjährig-Freiwilligen-Jahres). Sie gilt als Unterbrechung der Praxis. Der Bewerber muß also unter Vorlage entsprechender Nachweise um Wiederaufnahme in das Hauptverzeichnis nachsuchen. Doch wird nichts im Wege stehen, daß er schon vor dem Diensteintritte unter Vorlage der Beweise um Fortführung im Hauptverzeichnisse vorbehaltlich seines Wiedereintritts in die Praxis nachsucht.

Die gleiche Behandlung wird einzutreten haben, wenn vor dem Eintritt in die Praxis der Militärpflicht genügt wird.

3. S. im übrigen die Bemerkungen zu § 22 M.B.

4. Der Bewerber, der die Praxis in unzulässiger Weise unterbrochen hat, darf — ebenso wie ein Bewerber, der sich gegen § 4 verfehlt hat — bei keiner Justizbehörde zur Praxis zugelassen werden, ehe er nicht ins Hauptverzeichnis wieder aufgenommen ist. So oft daher bei einer Behörde ein Bewerber in Praxis treten will, muß er den Nachweis über die Beobachtung der §§ 4 und 5 M.B. führen, widrigenfalls er nicht zugelassen werden darf.

§ 6. Im Falle des § 4 wird die Aufnahme in das Hauptverzeichnis und im Falle des § 5 die Wiederaufnahme in das Hauptverzeichnis versagt werden, wenn der geprüfte Rechtspraktikant die Vertretung oder Verbeistandung von Parteien in bürgerlichen Rechtsstreitigkeiten oder in der nichtstreitigen Rechtspflege geschäftsmäßig betrieben hat, ohne zur Rechtsanwaltschaft zugelassen zu sein.

§ 7. Die Unterlassung der rechtzeitigen Fortsetzung der Praxis und eine längere Unterbrechung der Praxis, die nicht durch besondere Umstände entschuldbar erscheint, haben für die geprüften Rechtspraktikanten unter allen Umständen den Nachteil zur Folge, daß sie bei Vorschlägen zur Besetzung erledigter Stellen unter sonst gleichen Verhältnissen denjenigen Bewerbern nachstehen müssen, welche sich solche Unterbrechungen und Unterlassungen nicht oder in geringerem Maße haben zu Schulden kommen lassen.

II. §§ 8—12 zu den §§ 3, 4 der V.O.

§ 8. Die Wahl und der Wechsel der Praxis oder Beschäftigung sind den geprüften Rechtspraktikanten freigegeben. Es liegt jedoch ebensosehr im Interesse der Justizverwaltung als der geprüften Rechtspraktikanten selbst, daß sie sich vor ihrer Anstellung im Justizstaatsdienst eine möglichst umfassende und gründliche Ausbildung in allen Zweigen des Justizdienstes und eine allseitige Kenntnis des praktischen Lebens aneignen. Die geprüften Rechtspraktikanten haben daher bei der Auswahl und dem Wechsel der Praxis oder Beschäftigung den Gesichtspunkt ihrer entsprechenden allseitigen Ausbildung im Auge zu behalten.

Sie werden gut daran thun, nicht nur bei Justizbehörden, sondern insbesondere auch eine Zeit lang bei der Rechtsanwaltschaft Praxis zu nehmen. Da für jeden rechtskundigen Sekretär und für jeden Richter eines Amtsgerichts die Möglichkeit eintreten kann, vorübergehend die Verwesung eines Notariats übernehmen zu müssen, so ist es nur erwünscht, wenn auch diejenigen Bewerber, welche nicht ausschließlich Verwendung im Notariatsdienst anstreben, eine Zeit lang Praxis bei einem Notariate nehmen.

Auch eine zeitweise Beschäftigung bei einer Bankanstalt, einem größeren Bankgeschäft, einer Versicherungsanstalt oder ähnlichen Anstalt oder Unternehmung wird nur dazu beitragen, die allseitige Ausbildung der geprüften Rechtspraktikanten zu fördern, ihren Blick zu erweitern und die für ihren künftigen Beruf dringend gebotene Kenntnis des praktischen Lebens zu vertiefen.

Zu Abs. 2 vgl. Notariatsgesetz Art. 96 Abs. 2.

§ 9. Die Praxis oder Beschäftigung soll in der Regel jeweils nur bei einer einzigen Stelle genommen werden. Gleichzeitige Beschäftigung bei mehreren Stellen ist nur mit Genehmigung des Staatsministeriums der Justiz zulässig.

Gleichzeitige Beschäftigung bei einer Justizbehörde und bei einem Rechtsanwalt oder bei einer Justizbehörde und bei einer privaten Anstalt oder Unternehmung wird nicht gestattet werden.

Eine unzulässige gleichzeitige Beschäftigung bei mehreren Stellen macht zwar die Praxis nicht ungültig, kann aber Disziplinareinschreitung und Streichung von der Liste, bei der besonderen Praxis auch eine Verfügung nach § 8 V.O. zur Folge haben.

§ 10. Bestehen Bedenken darüber, ob den bei einer Behörde oder einem Rechtsanwalt in Praxis oder sonst nach § 2 der Verordnung in Beschäftigung stehenden geprüften Rechtspraktikanten die Möglichkeit einer vollständigen oder zweckmäßigen Ausbildung geboten ist, oder ist die Fortsetzung der Praxis bei einer Behörde oder bei einem Rechtsanwalt oder die anderweitige Beschäftigung aus sonstigen Gründen bedenklich, so ist darüber von den Dienstaufsichtsbehörden an das Staatsministerium der Justiz zu berichten.

Bei den Visitationen ist hierauf besonderes Augenmerk zu richten.

§ 10 soll dem Ministerium die Möglichkeit zu einem Einschreiten gemäß § 4 V.O. oder zum Widerrufe der nach § 2 V.O. erteilten Genehmigung geben.

§ 11. Ein geprüfter Rechtspraktikant, der einem auf grund des § 4 der Verordnung erlassenen Verbote zuwider die Praxis oder Beschäftigung fortsetzt, wird vom Hauptverzeichnisse gestrichen.

§ 12. Bei dem Obersten Landesgerichte, bei der Generalstaatsanwaltschaft und bei einer Strafanstalt darf die Zulassung zur Fortsetzung der Praxis nur mit Genehmigung des Staatsministeriums der Justiz erfolgen.

Diejenigen geprüften Rechtspraktikanten, welche als Hilfsarbeiter bei dem Staatsministerium der Justiz verwendet werden sollen, werden vom Staatsministerium der Justiz bestimmt.

III. §§ 13—19 zu den §§ 5, 6 der V.O.

§ 13. Die geprüften Rechtspraktikanten, welche die Praxis bei einer Justizbehörde fortsetzen wollen, haben bei dem Vorstande der Behörde um die Zulassung zur Fortsetzung der Praxis nachzusuchen.

Die Zulassung ist abzulehnen, wenn bei der Behörde schon so viele geprüfte Rechtspraktikanten in Praxis oder nicht geprüfte Rechtspraktikanten im Vorbereitungsdienste stehen, daß eine zweckmäßige und vollständige Ausbildung mit Rücksicht auf die Zahl der Bewerber und den Umfang der Geschäfte nicht möglich erscheint (vgl. § 79 der Bekanntmachung vom 6. Juli 1899 J.M.Bl. S. 229). Sie kann auch aus sonstigen wichtigen Gründen abgelehnt werden. Gegen den ablehnenden Bescheid steht die Beschwerde im Dienstaufsichtsweg offen.

Die Zulassung kann jederzeit aus denselben Gründen zurückgenommen werden, aus denen sie verweigert werden kann.

1. Aus Abs. 2 ergibt sich, daß die Zahl der bei Amtsgerichten und Landgerichten gleichzeitig zugelassenen Bewerber die Zahl der angestellten Richter in der Regel nicht überschreiten soll. Für einzelne Gerichte kann das Ministerium besondere Bestimmungen treffen. Wenn die Meldungen die zulässige Anzahl übersteigen, so haben die Bewerber den Vorzug, denen wichtige Gründe zur Seite stehen. Die Zulassung ist daher unter Umständen nur in widerruflicher Weise zu erteilen.

2. § 13 findet auch Anwendung auf die Notariate; dagegen sind die Rechtsanwälte nicht gehalten, nur eine bestimmte Anzahl von Rechtspraktikanten bei sich aufzunehmen (doch ist § 10 M.B. zu beachten).

§ 14. Bei dem Eintritt in die Praxis bei einer Justizbehörde ist der geprüfte Rechtspraktikant an die gemäß § 29 der Königlich Allerhöchsten Verordnung vom 4. Juli 1899 geleisteten Eide zurückzuerinnern.

Bei dem Austritt eines geprüften Rechtspraktikanten aus der Praxis bei einer Justizbehörde hat der Vorstand der Behörde, gegebenen Falles nach Anhörung derjenigen Beamten, welchen der Rechtspraktikant zur besonderen Aufsicht zugeteilt war, ein Zeugnis über die Dauer der Praxis, über das dienstliche und außerdienstliche Verhalten, sowie über die Leistungen des Rechtspraktikanten und die hiebei hervorgetretenen Mängel auszustellen und zu den Personalakten des Rechtspraktikanten zu nehmen.

1. Zu Abs. 1 vgl. die Bemerkungen zu § 29 der Verordnung vom 4. Juli 1899 in den „Prüfungsvorschriften für Juristen in Bayern" (München 1899), J. Schweitzer Verlag (Arthur Sellier).

Die Behändigung einer Dienstanweisung an geprüfte Rechtspraktikanten ist nicht vorgeschrieben, wird sich aber empfehlen. Jedenfalls aber wird der Bewerber bei seinem Diensteintritt auf die Bestimmungen der V.O. und der M.B. ausdrücklich hinzuweisen sein.

3. Das nach Abs. 2 auszustellende Zeugnis wird sich auch darüber zu äußern haben, ob der Bewerber sich eine gründliche Kenntnis des Gerichtsschreibereiwesens und des Gebühren- und Kostenwesens angeeignet hat (vgl. § 20 Nr. 3 M.B.).

4. Die Erteilung eines Zeugnisses ist für die bei Rechtsanwälten beschäftigten Bewerber nicht vorgeschrieben, auch diese werden aber gut thun, sich wenigstens eine Bescheinigung über die Dauer der Praxis ausstellen zu lassen, damit ihnen beim Eintritte bei einer Behörde der Nachweis möglich ist, daß sie sich nicht gegen §§ 4 und 5 M.B. verfehlt haben.

5. Den Notariatspraktikanten muß ein Zeugnis ausgestellt werden.

6. Bezüglich der Anzeigen über Eintritt und Austritt s. § 28 M.B.

7. Vgl. noch Bem. 7 zu § 19 M.B.

§ 15. Auf die Praxis der geprüften Rechtspraktikanten bei einer Justizbehörde finden die Vorschriften, die in den §§ 81, 82, 83, im § 84 Abs. 1, 2 und in den §§ 85, 86 der Bekanntmachung vom 6. Juli 1899, die Prüfungen für den höheren Justiz- und Verwaltungsdienst und die Vorbereitung für diese Prüfungen betreffend, für den Vorbereitungsdienst der Rechtspraktikanten vor Ablegung der zweiten Prüfung gegeben sind, entsprechende Anwendung. Selbstverständlich sind die geprüften Rechtspraktikanten während ihrer Praxis bei einer Justizbehörde — unabbrüchig des eigentlichen Zweckes ihrer Praxis, ihrer allseitigen praktischen Ausbildung und wissenschaftlichen Fortbildung — zur Erledigung der laufenden Geschäfte der Behörde entsprechend heranzuziehen.

1. Aus Satz 1 ergibt sich insbesondere folgendes:

a) Die entsprechende Ausbildung der geprüften Rechtspraktikanten ist eine besondere Pflicht aller mit der Leitung der Praxis betrauten Beamten.

b) Jeder Bewerber wird einem oder mehreren Beamten zur besonderen Aufsicht und Überwachung zugewiesen. Diese haben dafür zu sorgen, daß der geprüfte Rechtspraktikant genügend und in fördernder Weise beschäftigt wird.

c) Die Ausbildung hat sich auf alle Zweige der behördlichen Thätigkeit zu erstrecken; thunlichst oft sind die Bewerber mit Verteidigungen zu betrauen. Rein formale Arbeiten sind ihnen nur soweit zu überbürden, als es die Ausbildung erfordert. Schreibwerk haben sie nicht zu leisten.

d) Bei den Amtsgerichten sind die geprüften Rechtspraktikanten nach und nach durch alle Dienstzweige zu führen, bei den Landgerichten nacheinander den verschiedenen Kammern und der Gerichtsschreiberei zuzuteilen.

2. Vgl. im übrigen die Bemerkungen zu §§ 82, 83, 84, 85 der Ministerialbekanntmachung vom 6. Juli 1899 in den „Prüfungsvorschriften für Juristen in Bayern" (München, J. Schweitzer Verlag 1899).

3. Aus Abs. 2 ergibt sich, daß die Bewerber auch zum Sitzungsdienste heranzuziehen sind.

4. Die Regeln des § 15 erleiden eine wesentliche Einschränkung in den Fällen der besonderen Praxis (vgl. § 20 M.B.). Diese erstreckt sich nur auf bestimmte Dienstzweige.

§ 16. Den bei den Gerichten, Staatsanwaltschaften und Notariaten in Praxis stehenden geprüften Rechtspraktikanten ist die Teilnahme an den für die Rechtspraktikanten im Vorbereitungsdienste nach § 84 Abs. 3, § 87 der Bekanntmachung vom 6. Juli 1899, die Prüfungen für den höheren Justiz- und Verwaltungsdienst und die Vorbereitung für diese Prüfungen betreffend, stattfindenden Unterweisungen und Übungen zu gestatten. Es können auch besondere Übungen und Unterweisungen für sie abgehalten werden.

§ 17. Sekretäre, die sich um Anstellung als Richter bewerben wollen und hiezu geeignet erscheinen, sind wie geprüfte Rechtspraktikanten, welche die Praxis fortsetzen, neben ihrer eigentlichen Geschäftsaufgabe auch, soweit möglich, in den richterlichen Geschäften zu unterweisen und zu beschäftigen.

§ 18. Zur Übernahme der Stellvertretung eines Rechtsanwalts in einzelnen Rechtssachen, einer Verteidigung, der

Stelle eines Bevollmächtigten oder Beistandes in Civilsachen oder einer sonstigen Vertretung, die in den Kreis des Anwaltsberufs fällt, bedürfen die bei einer Justizbehörde zugelassenen geprüften Rechtspraktikanten der Genehmigung des Amtsvorstandes. Die Genehmigung ist nur für den einzelnen Fall und nur dann zu erteilen, wenn dienstliche Bedenken nicht entgegenstehen.

Diese Bestimmungen finden keine Anwendung auf die Fälle des § 116 der C.P.O. und auf die Fälle der Pflichtverteidigung.

Macht sich ein geprüfter Rechtspraktikant in der Übernahme von Wahlverteidigungen eines mit den dienstlichen Interessen nicht verträglichen Übermaßes schuldig, so kann ihm vom Vorstande die Übernahme solcher überhaupt untersagt werden.

§ 19. Die bei einer bayerischen Justizbehörde in Praxis stehenden geprüften Rechtspraktikanten dürfen sich ohne Genehmigung des Amtsvorstandes nicht über 24 Stunden vom Amtssitz entfernen.

Urlaub kann ihnen in jedem Geschäftsjahre bis zur Dauer von einem Monate vom Amtsvorstand erteilt werden. Gesuche um Urlaub von längerer Dauer sind vom Amtsvorstande mit gutachtlicher Äußerung dem Staatsministerium der Justiz vorzulegen.

Gesuche um Erteilung eines Urlaubs von mehr als drei Tagen sind schriftlich anzubringen und zu verbescheiden.

Zum Zwecke der Ableistung von militärischen Übungen bedürfen die geprüften Rechtspraktikanten keines Urlaubs. Sie haben lediglich dem Vorstande der Behörde den Nachweis des Beginnes und der Dauer der Übung vorzulegen.

1. Ein Recht auf Urlaub besteht nicht.

2. Abs. 4 handelt lediglich von der Ableistung von Reserveübungen, dagegen nicht vom Abdienen des Einjährig-Freiwilligen-Jahres (s. hiezu Bem. 2 zu § 5 M.B.).

3. Der im Abs. 4 verlangte Nachweis wird durch Vorlage der Einberufungsordre, des Militärpasses oder eines besonderen Zeugnisses der Militärbehörde (Bezirkskommando) zu führen sein.

4. In Krankheitsfällen wird der Rechtspraktikant gut thun, seine Verhinderung sofort durch ein ärztliches Zeugnis zu bescheinigen (s. übrigens auch § 25 Abs. 2 M.B.).

5. Als Erteilung eines Urlaubs wird es nicht anzusehen sein, wenn dem Bewerber aus besonderen Gründen für einzelne Tage oder halbe Tage dienstfrei gegeben wird.

6. Auf die besondere Praxis wird weder die Zeit von Krankheiten noch die des Urlaubs oder militärischer Übungen angerechnet (§ 22 M.B.).

7. Die Anführung von Urlaubszeit, von Krankheiten und militärischen Übungen im Abgangszeugnisse (§ 14 Abs. 2 M.B.) ist nicht vorgeschrieben, kann aber unter Umständen empfehlenswert sein.

IV. §§ 20—24 zu § 7 der V.O.

§ 20. Auf grund des § 7 der Verordnung werden bis auf weiteres folgende Bestimmungen getroffen:

1. Geprüfte Rechtspraktikanten, die sich um Anstellung als Richter bewerben wollen, haben mindestens sechs Monate bei einem bayerischen Amtsgerichte Praxis zu nehmen und sind während dieser Zeit ausschließlich in der freiwilligen Gerichtsbarkeit und im Grundbuch- und Hypothekenwesen sowie in dem hierauf bezüglichen Teile des Gebühren- und Kostenwesens zu beschäftigen.
2. Geprüfte Rechtspraktikanten, die sich um Anstellung als dritter Staatsanwalt bewerben wollen, haben außerdem mindestens noch auf die Dauer von vier Monaten Praxis bei der Staatsanwaltschaft an einem bayerischen Landgerichte zu nehmen.
3. Geprüfte Rechtspraktikanten, die sich um Anstellung als Sekretär bewerben wollen, haben sich eine gründliche Kenntnis des Gerichtsschreibereidienstes und des gerichtlichen Gebühren- und Kostenwesens anzueignen und zu diesem Zwecke, insoweit ihnen dies während der in Ziff. 1 vorgeschriebenen Praxis oder während ihrer sonstigen Praxis bei Gerichten nicht möglich war, eine Zeit lang ausschließlich Praxis bei der Gerichtsschreiberei eines bayerischen Amtsgerichts oder Landgerichts zu nehmen.
4. Für die Bewerber um Anstellung als Notar bewendet es bei den Bestimmungen im § 9 des Notariatsgesetzes vom 9. Juni 1899. Es wird jedoch Gewicht darauf gelegt, daß der Bewerber vor Einreichung seines Gesuchs um Anstellung als Notar mindestens einmal als Verweser eines Notariats in der Dauer von mindestens vier Wochen zur Zufriedenheit Dienste geleistet hat.

1. § 20 zählt die Fälle der *besonderen Praxis* auf (s. Bem. 1 zu § 1 V.O.).

2. S. vor allem auch § 22 M.B.

3. Während der Dauer der im § 20 Nr. 1 gebotenen Praxis ist eine Beschäftigung der Bewerber in anderen als den aufgeführten Dienstzweigen schlechthin unzulässig, also auch die Heranziehung zum Sitzungsdienste. Die freiwillige Übernahme anderer Geschäfte durch die Bewerber ist nur zulässig, soweit dadurch ihre Ausbildung in der freiwilligen Gerichtsbarkeit u. s. w. nicht beeinträchtigt wird.

4. Wie lange die in Nr. 3 gebotene Praxis zu nehmen ist, wird das Ministerium von Fall zu Fall nach seinem Ermessen anordnen können. Daß sie nicht unterbrochen werden dürfe, ist zwar nicht ausdrücklich bestimmt, kann aber wohl im einzelnen Falle verlangt werden.

5. Die in Nr. 4 bezeichnete Praxis kann unterbrochen werden. Es hat bei den Bestimmungen des § 5 M.B. sein Bewenden.

6. Bei Ableistung der im § 20 Nr. 1 bezeichneten Praxis werden die Bewerber insbesondere auch im Registerwesen, nicht nur im Nachlaß- und Vormundschaftswesen zu unterweisen sein.

7. Darüber, daß die besondere Praxis auch schon vor Bekanntgabe des Prüfungsergebnisses begonnen werden kann, s. § 1 V.O. Bem. 4.

8. Die in Nr. 2 bezeichnete Praxis wird nach der in Nr. 1 bezeichneten abzuleisten sein.

§ 21. Die Amtsvorstände haben bei jeder Vorlage eines Anstellungsgesuchs ausdrücklich zu erwähnen, ob der Bewerber sich der für die erstrebte Anstellung vorgeschriebenen Praxis unterzogen, welche Leistungen er dabei bethätigt und ob er die zur selbständigen Erledigung der Geschäfte der von ihm erstrebten Stelle erforderliche Sachkenntnis und Gewandtheit in hinreichendem Maße erworben hat.

Falls ein Bewerber sich im Hypotheken- und Grundbuchwesen besonders bewandert und verwendbar erweist und eine Verwendung bei Hypothekenbereinigungen oder den Arbeiten für die Anlegung des Grundbuchs anstrebt, so ist hierüber Anzeige an das Staatsministerium der Justiz zu erstatten.

§ 22. Die im § 20 Ziff. 1, 2 vorgeschriebene Praxis ist ununterbrochen zu nehmen.

Auf die vorgeschriebene Dauer dieser Praxis kann nach ihrem Zwecke weder die Zeit des Urlaubs noch die Zeit, während welcher der geprüfte Rechtspraktikant durch unverschuldete Hindernisse (Krankheit, Militärdienst) der Praxis entzogen war, angerechnet werden.

1. Die im Abs. 2 aufgezählten Gründe für eine Aussetzung der Praxis, sowie das Nehmen von Urlaub gelten nicht als Unterbrechung, aber die versäumte Zeit wird auch nicht in die Praxis eingerechnet; die Praxis kann nach Behebung des Hindernisses fortgesetzt werden und die bisherige

Ableistung der Praxis bleibt wirksam und wird eingerechnet. Der Bewerber erleidet also nur den Nachteil, daß die Vollendung der Praxis später erfolgt, auch muß er sich unter Umständen — wenn z. B. die Praxis durch Krankheit sehr lange Zeit gehemmt war — auf eine Verlängerung der Praxis nach § 8 V.O. gefaßt machen.

Unter „Militärdienst" im Sinne des Abs. 2 ist sowohl die Ableistung einer Übung, als auch das Abdienen des Einjährig-Freiwilligen-Jahres zu verstehen.

2. Jede Unterbrechung der Praxis — gleichviel von welcher Dauer — bewirkt, daß der bisher geleistete Teil nicht mehr beachtet wird und die Praxis nochmals ganz wiederholt werden muß.

Dies ist also der Fall, wenn z. B. der Bewerber vor Beendigung der Praxis seinen Austritt erklärt, oder die Fortsetzung thatsächlich unterläßt, oder wenn er auf grund des § 10 V.O. aus der Praxis entlassen wird, ohne sie sofort bei einer andern Behörde wieder anzutreten, oder wenn die zeitweilige Ausschließung von der Praxis verfügt wird.

Das Gleiche wird zu gelten haben, wenn dem Bewerber auf grund des § 10 Abs. 2 V.O. die Fortsetzung der Praxis vorläufig untersagt wird. Würde jedoch in diesem Falle die Verfügung der Disziplinarbehörde auf eingelegte Beschwerde hin aufgehoben, so würde das Hindernis als unverschuldet zu betrachten und nur nach Abs. 2 zu behandeln sein.

3. Eine Vorschrift des Inhalts, daß die in § 20 Nr. 1 und 2 M.B. bezeichnete Praxis nur bei einer Behörde abgeleistet werden dürfe, ist nicht getroffen. Ein Wechsel wird also — vorausgesetzt, daß auch nicht ein Tag zwischen dem Austritte bei der einen Behörde und dem Eintritte bei der andern in Mitte liegt — zulässig sein. Damit jedoch nicht die Gefahr entsteht, daß auf grund des § 8 V.O. eine Verlängerung der Praxis verfügt werde, wird der Bewerber gut thun, sich rechtzeitig zu vergewissern, ob der Wechsel die Zustimmung des Ministeriums findet.

4. Eine Dispensation von den Bestimmungen des § 22 wird im einzelnen Falle möglich sein (s. die Bemerkungen zu § 14 V.O.).

§ 23. Den Bewerbern wird angeraten, die im § 20 vorgeschriebene Praxis rechtzeitig abzulegen, damit sie, wenn die Reihe des Vorschlags zur Anstellung sie trifft, nicht hinter Bewerbern aus dem gleichen Prüfungsjahr und mit gleicher Note, welche die vorgeschriebene Praxis bereits erstanden haben, zurückstehen müssen.

§ 24. Diejenigen geprüften Rechtspraktikanten, welche sich nur dem Gerichtsschreiberdienste widmen wollen, werden gut daran thun, sich im Hauptverzeichnisse der Bewerber um Anstellung im höheren Justizstaatsdienste streichen zu lassen und um Aufnahme in die Liste der geprüften Bewerber für das Gerichtsschreiberamt nachzusuchen, da sie sonst nur nach der Reihe ihrer Prüfung zur Anstellung vorgeschlagen werden können.

Geprüfte Rechtspraktikanten, die in die Liste der geprüften Bewerber um das Gerichtsschreiberamt aufgenommen sind, haben für die Folge die für die Fortsetzung der Praxis dieser Bewerber bestehenden Vorschriften zu beachten.

Zu Abs. 2 vgl. die Verordnung vom 23. August 1879 § 20 (J.M.Bl. S. 388).

V. §§ 25, 26 zu den §§ 9, 10 der V.O.

§ 25. Erhält eine Justizbehörde Kenntnis von Thatsachen, die geeignet sind, Disziplinareinschreitung gegen einen Bewerber um Anstellung im höheren Justizstaatsdienste zu veranlassen oder die auf die Frage seiner künftigen Verwendung im Justizdienste von Einfluß sein können, so hat sie diese Thatsachen und die etwaigen Beweismittel derjenigen Justizbehörde mitzuteilen, welcher die Dienstaufsicht über den Bewerber in erster Linie zusteht.

Die Dienstaufsichtsbehörde hat die ihr mitgeteilten und die zu ihrer Kenntnis kommenden Thatsachen, die von Einfluß auf die Frage der Anstellung des Bewerbers sein können, so insbesondere auch Erkrankungen, welche die dauernde Dienstfähigkeit zweifelhaft erscheinen lassen, sowie jede Disziplinierung eines Bewerbers dem Staatsministerium der Justiz zu berichten.

Ist der Bewerber zur Rechtsanwaltschaft zugelassen, so tritt an die Stelle der Dienstaufsichtsbehörde der Vorstand des im § 2 Abs. 3 bezeichneten Gerichts.

1. Die Anzeigen über Bewerber, die ihre Beschäftigung gemäß § 2 V.O. außerhalb Bayerns genommen haben, sind unmittelbar dem Justizministerium vorzulegen (vgl. Bem. 2 zu § 9 V.O.).

2. Unter § 25 fallen nicht Anzeigen über ein Strafverfahren oder ein Verfahren vor der Anwaltskammer, soferne das Verfahren in Bayern geführt wird, denn hier liegt die Anzeigepflicht den staatsanwaltschaftlichen Behörden ob (§ 26 M.B.).

Dagegen umfaßt die Anzeigepflicht des § 25 ein in einem anderen deutschen Bundesstaat oder im Ausland gegen einen Bewerber durchgeführtes Verfahren.

§ 26. Von jeder Einleitung eines Strafverfahrens gegen einen Bewerber um Anstellung im höheren Justizstaatsdienste sowie von jeder Einleitung eines ehrengerichtlichen Verfahrens gegen einen zu den Bewerbern um Anstellung im höheren Justizstaatsdienste zählenden Rechtsanwalt haben die Staatsanwälte unter Mitteilung des Sachverhaltes sofort dem Staatsministerium der Justiz Anzeige zu erstatten. Sie haben weiter von Zeit zu Zeit über den Fortgang des Verfahrens zu berichten und nach der Erledigung eine Abschrift des rechtskräftigen Urteils dem Staatsministerium der Justiz vorzulegen.

1. Als Zeitpunkt der Einleitung des Strafverfahrens dürfte die Einreichung der Anklageschrift anzusehen sein (vgl. § 76 Rechtsanwaltsordnung).

2. Die Oberstaatsanwälte erhalten davon, welche Rechtsanwälte noch als Bewerber im Hauptverzeichnis weitergeführt werden, durch die nach § 2 Abs. 3 und 4 M.B. ihnen zugehenden Mitteilungen Kenntnis. Im übrigen werden die Staatsanwälte bei etwa entstehenden Zweifeln über die Eigenschaft eines Angeschuldigten als Bewerber um Anstellung sich rechtzeitig durch Anfrage bei den Aufsichtsbehörden Sicherheit verschaffen müssen.

3. Die Herstellung einer Abschrift des Urteils wird Sache der Gerichtsschreiberei bezw. des Vorstands der Anwaltskammer sein.

VI. § 27 zu § 11 der V.O.

§ 27. Die Bewerber um Anstellung im höheren Justizstaatsdienste, die nach § 11 der Verordnung verpflichtet sind, eine Geschäftsaushilfe oder eine Hilfsarbeiterstelle zu übernehmen, müssen jederzeit zur Übernahme bereit sein. Von der Übernahme eines solchen Auftrages kann nur aus wichtigen Gründen entbunden werden.

Die Weigerung, einen solchen Auftrag zu übernehmen, ist sofort dem Staatsministerium der Justiz zu berichten. Sie hat die Streichung des Bewerbers aus dem Hauptverzeichnisse zur Folge.

Rechtsanwälten und geprüften Rechtspraktikanten, die sich gegen Bezahlung bei Notariaten oder Rechtsanwälten in Praxis befinden, wird der Auftrag zur Übernahme einer Geschäftsaushilfe oder einer Hilfsarbeiterstelle nur dann zugehen, wenn Aussicht besteht, daß die Funktion längere Zeit dauert oder daß bei ihrer Beendigung der Vorschlag zur Anstellung erfolgen kann.

1. S. die Bemerkungen zu § 11 V.O.
2. S. a. § 33 M.B.

VII. §§ 28, 29. Anzeigeerstattung.

§ 28. Damit bei dem Staatsministerium der Justiz das Hauptverzeichnis der Bewerber um Anstellung im höheren Justizstaatsdienste stets richtig und vollständig geführt werden kann, muß das Staatsministerium der Justiz von jedem Eintritt eines Bewerbers in eine Praxis oder Beschäftigung sofort Kenntnis erhalten.

Um dies zu ermöglichen, wird Folgendes bestimmt:

1. Von jedem Eintritt eines geprüften Rechtspraktikanten in die Praxis bei einer bayerischen Justizbehörde und von jedem Austritte hat der Vorstand der Behörde sofort dem Staatsministerium der Justiz Anzeige zu erstatten.
2. Bewerber, die bei einem Rechtsanwalt oder bei einer anderen als einer Justizbehörde oder bei einer privaten Anstalt oder Unternehmung in Praxis oder Beschäftigung treten, haben, wenn die Praxis oder Beschäftigung in Bayern genommen wird, den Eintritt in die Praxis oder Beschäftigung und den Austritt stets binnen einer Woche der zunächst vorgesetzten Aufsichtsbehörde (§ 9 der Verordnung) anzuzeigen.

   Die Aufsichtsbehörden haben diese Anzeigen sofort dem Staatsministerium der Justiz vorzulegen.
3. Bei der Vorlegung jeder Anzeige ist das Jahr und das Ergebnis der zweiten Prüfung anzugeben.
4. Die Anzeigen sind für jeden Rechtspraktikanten gesondert zu erstatten.
5. Diese Vorschriften finden auf Anzeigen von dem Tode eines geprüften Rechtspraktikanten entsprechende Anwendung.

1. Den Rechtsanwälten ist eine Anzeige vom Wechsel der Zulassung und von der Aufgabe der Zulassung nicht zur Pflicht gemacht. Das Ministerium erhält von diesen Vorgängen ohnehin gelegentlich der Führung der Rechtsanwaltslisten und der Verbescheidung der Gesuche Kenntnis.

2. Den nicht in Bayern beschäftigten Bewerbern ist durch § 28 Abs. 2 keine Anzeigepflicht auferlegt. Allein Anzeigen über Eintritt und Austritt, sowie über einen Wechsel in der Beschäftigung werden sie gleichwohl erstatten müssen, wenn auch nicht binnen bestimmter Frist (s. Bem. 1 zu § 1 M.B.). Es kann übrigens die Erstattung von Anzeigen bei Erteilung der Genehmigung noch besonders zur Bedingung gemacht werden.

3. Zu Abs. 2 Nr. 2 vgl. § 29.

§ 29. Unterlassungen der in § 28 Ziff. 2 vorgeschriebenen Anzeigen haben für die geprüften Rechtspraktikanten die gleichen Nachteile wie die Unterlassung des rechtzeitigen Eintrittes oder die Unterbrechung der Praxis (§ 7) zur Folge.

1. Die Unterlassung der Anzeigen kann bewirken, daß das Justizministerium den Bewerber aus dem Hauptverzeichnisse streicht, weil nicht

ersichtlich ist, ob er die Bestimmungen über Unterbrechung der Praxis beobachtet hat. Die Aufnahme kann nachträglich wieder erfolgen, wenn nachgewiesen wird, daß die Praxis richtig abgeleistet wurde, doch kann sich dadurch eine Verzögerung in der Anstellung ergeben.

2. Eine Verspätung der Anzeige kann ähnliche Folgen nach sich ziehen.

3. Unterlassung der Anzeigen oder Versäumung der Frist können auch disziplinär geahndet werden.

VIII. § 30. Verehelichung.

§ 30. Die Aufsichtsbehörden haben darüber zu wachen, daß die Königlich Allerhöchste Verordnung vom 20. August 1868, die Verehelichung der Staatsdienstadspiranten betreffend (Reg.Bl. S. 1609), beobachtet wird.

Hat sich ein geprüfter Rechtspraktikant verehelicht, ohne daß die Verehelichung vom dienstlichen Standpunkt aus gewürdigt wurde, so hat er um Aufnahme in das Hauptverzeichnis förmlich nachzusuchen. Das Gesuch ist bei dem Staatsministerium der Justiz einzureichen. Vor der Bewilligung der Aufnahme in das Hauptverzeichnis darf der Rechtspraktikant bei keiner Justizbehörde zur Fortsetzung der Praxis zugelassen werden.

Ein Bewerber um Anstellung im höheren Justizstaatsdienste, der sich verehelicht, ohne daß seine Verehelichung vom dienstlichen Standpunkt aus gewürdigt worden ist, wird vom Hauptverzeichnisse gestrichen.

Von der Verehelichung eines Bewerbers ist dem Staatsministerium der Justiz Anzeige zu erstatten. Dabei ist ausdrücklich zu bemerken, ob die Bewilligung zur Verehelichung erteilt worden ist.

In allen Anzeigen über den Eintritt eines geprüften Rechtspraktikanten in eine Praxis oder Beschäftigung ist der Familienstand anzugeben und gegebenen Falles zu bemerken, ob die Verehelichung vom dienstlichen Standpunkt aus gewürdigt wurde.

Die Rechtsanwälte sind nach Abgabe der in § 2 bezeichneten Erklärung von dem Vorstande des im § 2 Abs. 3 bezeichneten Gerichts auf die Bestimmungen der Verordnung vom 20. August 1868 ausdrücklich hinzuweisen. Dem Vorstande dieses Gerichts obliegt die Verpflichtung zu Anzeigeerstattung nach dem Absatz 4; ihm hat der Rechtsanwalt seine Verehelichung anzuzeigen.

Im übrigen finden auf die Erstattung der Anzeige von der Verehelichung eines Bewerbers und auf die Verpflichtung der Bewerber um Anstellung im höheren Justizstaatsdienst, ihre Verehelichung anzuzeigen, die Vorschriften der §§ 28, 29 entsprechende Anwendung. Ist hienach eine Behörde, der die Anzeige zu erstatten ist, nicht bestimmt, so ist sie an das Staatsministerium der Justiz unmittelbar zu richten.

1. Gemäß der Verordnung vom 20. August 1868 hat jeder Bewerber die von ihm beabsichtigte Verehelichung der dienstlichen Würdigung zu unterstellen und zwar erfolgt die Würdigung nach der Verordnung durch diejenige Stelle, bei der der Bewerber vorgemerkt ist. Diese Bestimmung wird — entsprechend der bisherigen Praxis — dahin auszulegen sein, daß die Würdigung durch die Dienstaufsichtsbehörde (§ 9 V.O.) zu erfolgen hat. Für Bewerber, die außerhalb Bayerns beschäftigt sind, wird das Justizministerium zuständig sein, ebenso auch für Rechtsanwälte in Bayern, denn auch für diese ist eine besondere Dienstaufsichtsbehörde nicht bestimmt (Abs. 6 betrifft nur die Anzeigepflicht).

Die Verehelichung von Notariatskonzipienten hat der Notar zu würdigen (vgl. auch die Bemerkungen zu § 9 V.O.).

2. Die Ministerialentschließung vom 22. Januar 1897 ermöglicht es den Bewerbern, die sich während der Ableistung des Vorbereitungsdienstes und nach Ablegung der zweiten Prüfung, aber noch vor Bekanntgabe des Ergebnisses verheiraten wollen, die dienstliche Würdigung sofort behufs Vermeidung späterer Nachteile herbeizuführen.

Es wird sich empfehlen, hievon Gebrauch zu machen, da sich gemäß § 30 Abs. 2 sonst der Eintritt in die Praxis auf jeden Fall verzögern wird.

3. Aus Abs. 2 folgt, daß keine Justizbehörde einen verheirateten Bewerber zur Praxis aufnehmen darf, der nicht Nachweise über die dienstliche Würdigung vorlegt.

4. Im Falle des Abs. 3 kann natürlich unter nachträglicher Einholung der dienstlichen Würdigung um Wiederaufnahme in das Hauptverzeichnis nachgesucht werden.

5. Die im Abs. 4 bestimmte Anzeigepflicht wird dem Beamten obliegen, der die Dienstaufsicht führt, hinsichtlich der Rechtsanwälte dem Vorstande des im § 2 Abs. 3 M.B. bezeichneten Gerichts (s. Abs. 6).

6. Die durch Abs. 7 Satz 1 im Zusammenhalte mit § 29 M.B. angedrohten Nachteile treten auch ein, wenn die Verehelichung, die nicht angezeigt wurde, thatsächlich dienstlich gewürdigt worden ist.

7. Aus Abs. 7 Satz 2 dürfte hervorgehen, daß auch die außerhalb Bayerns beschäftigten Bewerber ihre Verehelichung anzuzeigen haben.

IX. §§ 31, 32. Verzeichnisse.

§ 31. Die Präsidenten der Landgerichte und die Präsidenten der Oberlandesgerichte müssen stets einen Überblick über die in ihrem Bezirke in Praxis oder Beschäftigung befindlichen Bewerber um Anstellung im höheren Justizstaatsdienste besitzen.

Zu diesem Behufe haben sie

1. für jedes Gericht und jedes Notariat des Bezirks, sowie für jeden im Bezirk ihres Gerichts zugelassenen Rechtsanwalt ein gesondertes Verzeichnis der dort in Praxis stehenden geprüften Rechtspraktikanten nach dem beigefügten Formular A;
2. für die in einer sonstigen Praxis oder Beschäftigung im Gerichtsbezirke stehenden geprüften Rechtspraktikanten ein gemeinsames Verzeichnis nach dem beigefügten Formular B und
3. für die Rechtsanwälte, die Erklärungen nach § 2 abgegeben haben, ein gemeinsames Verzeichnis nach Formular C zu führen.

Diese Verzeichnisse sind auf grund der auf dem Dienstwege dem Staatsministerium der Justiz vorzulegenden und auf diese Weise zur Kenntnis der Präsidenten der Landgerichte und Oberlandesgerichte gelangenden Anzeigen stets auf dem Laufenden zu erhalten.

Die Verzeichnisse derjenigen geprüften Rechtspraktikanten, welche sich bei einem der zur Rechtsanwaltschaft bei den Landgerichten München I und II gleichzeitig zugelassenen Rechtsanwälte in Praxis befinden, und die Verzeichnisse der gleichzeitig bei den Landgerichten München I und II zugelassenen Rechtsanwälte, die Erklärungen im Sinne des § 2 abgegeben haben, führt der Präsident des Landgerichts München I.

§ 32. Die Oberstaatsanwälte haben nach dem Formular A über die bei den Staatsanwaltschaften des Oberlandesgerichtsbezirks in Praxis stehenden und über die als Amtsanwälte aufgestellten geprüften Rechtspraktikanten Verzeichnisse zu führen.

X. § 33 zu § 11 der V.O.

§ 33. Die Präsidenten der Oberlandesgerichte haben ein weiteres Verzeichniß zu führen, in das sie auf grund der von ihnen nach § 31 zu führenden Verzeichnisse und der an sie gelangenden Anzeigen diejenigen Bewerber einzutragen haben, welche auf grund der Bestimmung im § 11 der Verordnung zur Übernahme einer Geschäftsaushilfe oder einer Hilfsarbeiterstelle herangezogen werden können.

XI. §§ 34, 35. Vorlage der Verzeichnisse an das Staatsministerium der Justiz.

§ 34. Bis zum 15. Januar jeden Jahres haben die Landgerichtspräsidenten über den durch die Verzeichnisse nach § 31 Ziff. 1 für das abgelaufene Kalenderjahr ausgewiesenen Zu- und Abgang eine Übersicht nach dem beigefügten Formular D dem Präsidenten des Oberlandesgerichts vorzulegen. Der Präsident des Oberlandesgerichts legt sie mit den nötigen Ergänzungen nach dem von ihm geführten Verzeichnisse dem Staatsministerium der Justiz vor.

Bis zum gleichen Tage haben die Oberstaatsanwälte die Uebersichten bezüglich der bei der Oberstaatsanwaltschaft und den landgerichtlichen Staatsanwaltschaften in Praxis stehenden und der als Amtsanwälte in Praxis stehenden geprüften Rechtspraktikanten dem Staatsministerium der Justiz vorzulegen.

§ 35. Bis zum 1. Februar jeden Jahres sind Abschriften der nach § 31 Ziff. 2, 3 hergestellten Verzeichnisse nach dem Stande am Schlusse des abgelaufenen Kalenderjahrs dem Staatsministerium der Justiz vorzulegen.

XII. § 36. Art der Vorlagen an das Staatsministerium der Justiz.

§ 36. Alle nach der Verordnung und nach dieser Bekanntmachung vorgeschriebenen Vorlagen an das Staatsministerium der Justiz haben stets auf dem Dienstwege zu erfolgen.

München, den 7. Januar 1901.

Dr. **Frhr. v. Leonrod.**

Die Praxis der Bewerber um Anstellung im höheren Justizstaatsdienste betr.

Formular A.

Verzeichnis

der bei dem (Amtsgerichte, Landgerichte, Notariate, Rechtsanwalte) in Praxis getretenen geprüften Rechtspraktikanten.

Fortl. Nr.	Familien- und Vor-Name, dann Heimat des Rechtspraktikanten	Prüfungs-		Zeit des Eintrittes			Zeit des Austrittes			Bemerkungen
		Jahr	Note	Tag	Monat	Jahr	Tag	Monat	Jahr	
1.	***Wachter*** *Franz von Tölz*	*1900*	*II^{21}/$_{40}$*	*1.*	*Januar*	*1901*	*15.*	*März*	*1901*	

Anmerkung: In das Verzeichnis sind auch diejenigen Rechtspraktikanten aufzunehmen, welche vor Bekanntgabe des Prüfungsergebnisses in Praxis getreten sind.

Formular B.

Verzeichnis

der im Bezirke des Landgerichts N. in einer sonstigen Praxis oder Beschäftigung stehenden Rechtspraktikanten nach § 31 Abs. 2 Ziff. 2 der Bekanntmachung vom 7. Januar 1901.

Fortl. Nr.	Name und Heimat des Rechtspraktikanten	Prüfungs- Jahr	Prüfungs- Note	Art der Praxis oder Beschäftigung	Zeit des Eintrittes	Zeit des Austrittes	Bemerkungen
1.	*Franz* ***Müller*** *von Hof*	*1899*	*II* $^{15}/_{40}$	*Stenograph beim Bureau der Kammer der Abgeordneten*	*1. Oktober 1901*	*1. April 1902*	
2.	*Hans* ***Meier*** *von Schweinfurt*	*1899*	*II* $^{4}/_{40}$	*Bankgeschäft von Molinari & Cie. in München*	*1. Mai 1901*		*hat Prokura.*
3.	*Emil* ***Huber*** *von Erlangen*	*1899*	*II* $^{8}/_{40}$	*Handels- und Gewerbekammer von Oberbayern*	*1. Juni 1901*		*versieht die Stelle eines Sekretärs der Kammer.*

Formular C.

K. Landgericht N.
K. Oberlandesgericht N.

Verzeichnis

der in das Hauptverzeichnis der Bewerber um Anstellung im Justizstaatsdienst aufgenommenen Rechtsanwälte.

Fortl. Nr.	Name und Heimat des Rechtspraktikanten	Prüfungs-		Gerichte der Zulassung	Zeit der ersten Eintragung in die Rechts-anwaltsliste	Bemerkungen
		Jahr	Note			
1.	*Karl* ***Gras*** *von Waldmünchen*	*1900*	$I^{10}/_{40}$	*Landgericht N.*	*1. Mai 1901*	*hat am 1. Juli 1901 um Anstellung als Sekretär nachgesucht.*
2.	*Xaver* ***Beil*** *von Augsburg*	*1900*	$I^{32}/_{40}$	*Landgericht und Oberlandesgericht N.*	*1. Juni 1901*	*hat am 1. Oktober 1901 auf Anstellung verzichtet.*

Formular D.

Übersicht

über den

Zu- und Abgang an geprüften Rechtspraktikanten im Bezirke des

K. Landgerichts .... im Geschäftsjahre 19.........

Bezeichnung der I. Gerichte II. Notariate III. Rechtsanwälte	Zahl der bei dem Gerichte angestellten Richter	Zahl der am Schlusse des Geschäftsjahres 1900 in Praxis gestandenen geprüften Rechtspraktikanten	Zahl der im Geschäftsjahre 1901 eingetretenen geprüften Rechtspraktikanten	Zahl der im Geschäftsjahre 1901 ausgetreten geprüften Rechtspraktikanten	Zahl der am Schlusse des Geschäftsjahres 1901 in Praxis gestandenen geprüften Rechtspraktikanten	Bemerkungen
I. Gerichte.						
1. Landgericht N.	*10*	*3*	*1*	*3*	*1*)*	**) Hilfsarbeiter des Landgerichts-Präsidenten.*
2. Amtsgericht N.	*3*	*2*	*2*	*1*	*3*	*In nebiger Ziffer ist der zur Bereinigung des Hypothekenwesens aufgestellte Funktionär N. einbegriffen.*
3. " N.	*2*	*1*	*1*	—	*2*	*In nebiger Ziffer ist der Anlegungskommissär einbegriffen.*
II. Notariate.						
1. Notariat N.	—	*1*	—	—	*1*	
III. Rechtsanwälte.						

Anmerkung: Befinden sich unter der in Spalte 6 vorgetragenen Ziffer Rechtspraktikanten, deren Prüfungsnote noch nicht bekannt ist, so ist die Zahl derselben in Spalte 7 zu bemerken.

A. Übersicht*)

über die Ergebnisse der ersten juristischen Prüfung in den Jahren 1896 bis 1900.

Jahrgang	Zahl der geprüften Kandidaten	Zahl der befähigten Kandidaten
1896	301	227
1897	269	212
1898	260	210
1899	231	188
1900	233	175

*) Man vergleiche zu den nachfolgenden Übersichten A—D die im Justizministerialblatt 1895 S. 287—294 veröffentlichten Übersichten.

B. Übersicht über die Ergebnisse der zweiten juristischen Prüfung in den Ja praktikanten im Justizdienste, sowie die Zulassung dieser geprüfte

Jahrgang		Zahl der mit Erfolg geprüften Kandidaten	Hievon erhielten die Note I.	Note II.	Note III.	Von den geprüften Kandidaten haben sich dem Justizdienste zugewendet mit der Note I.	Note II.	Note III	Summa	Anstellungs-Verh … Von den mit Note I Geprüften erlangten ihre Anstellung als Sekretäre	III. Staatsanwälte	Amtsrichter	Notare	wurden zur Rechtsanwaltschaft zugelassen	Von den mit Note II Geprüften erlangten ihre Anstellung als Sekretäre	III. Staatsanwälte	Amtsrichter	Notare
		1.	2.	3.	4.	5.	6.	7.	8.	9.	10.	11.	12.	13.	14.	15.	16.	17.
1890	in den Landesteilen r./Rh.	163	4	119	40	2	68[1]	37	106	—	1	2 1891	—	—	26[2]	17 1892	45 VI./92 bis XI./94	3 1893
	in der Pfalz	28	—	20	8	—	13[1]	7[2]	—	—	—	—	—	—	5	3 III./1896	8 III./1897	1 IX./97
1891	in den Landesteilen r./Rh.	217	3	133	81	1	85[1]	66[2]	152	—	—	1 1893	—	—	41[3]	19 X./92 bis I./95	61 X./93 bis VII./95	4 VI./94 bis V./95
	in der Pfalz	29	—	19	10	—	10[1]	8[2]	18	—	—	—	—	—	1	6[2] I./95 bis III./97	7 I./96 bis I./00	—
1892	in den Landesteilen r./Rh.	230	—	174	56	—	114[1]	52[2]	166	—	—	—	—	—	57[3]	20 III./94 bis XI./95	82[4] XII./94 bis X./97	5 VIII./95
	in der Pfalz	26	—	21	5	—	10[1]	6[2]	16	—	—	—	—	—	1	—	2 IV./98 bis VII./98	1 XI./99
1893	in den Landesteilen r./Rh.	280	1	217	62	1	137	53	191	—	1 1894	1 1895	—	—	78[1]	22 IX./95 bis I./97	103 I./96 bis XII./98	12 II./97 bis V./98
	in der Pfalz	27	—	20	7[1]	—	11	6	17	—	—	—	—	—	—	2 VIII./97 bis VI./98	9 VII./98 bis XII./99	—
1894	in den Landesteilen r./Rh.	283	—	152	131	—	97[1]	112[3]	209	—	—	—	—	—	56[2]	11 X./96 bis II./98	70 IV./97 bis XI./99	3
	in der Pfalz	29	—	18	11	—	15[ ]	11[3]	26	—	—	—	—	—	7[2]	2 VI./98	10 VII./98 bis VII./00	—

0 bis 1899 und über die Anstellung der in diesen Jahren geprüften Rechts-
raktikanten zur Rechtsanwaltschaft (letztere beide bis zum 31. Dezember 1900).

...sse Von den mit Note III Geprüften ...langten ihre Anstellung als III. Staatsanwälte	 Amtsrichter	 Notare	 wurden zur Rechtsanwaltschaft zugelassen	Es verfloß mithin für die geprüften Rechtspraktikanten bis zur Anstellung als **Richter** ein Zeitraum von Jahren Note I	 Note II	 Note III	Bemerkungen
20.	21.	22.	23	24.	25.	26.	
—	25 XI./94 bis XI./99	5 1895	6	1	1½–4	4–8¾	1) davon 1 zum Reichsdienst beurlaubt. 2) 1 davon gestorben, die anderen inzwischen sämtlich zu Amtsrichtern ernannt, ebenso alle III. Staatsanwälte; von den letzteren ist 1 zum Verwaltungsdienst übergetreten. 3) davon 1 gestorben, die übrigen inzwischen zu Amtsrichtern ernannt.
—	—	3 I./98 bis XI./99	—	—	6¼–6¾	—	1) davon im rechtsrheinischen Bayern 1 als Notar (XI./93) und 1 als Amtsrichter (XI./93) ernannt. 2) davon 2 als Strafanstalts-Assessoren angestellt, 2 im rechtsrheinischen Bayern als Sekretäre (1893) und bezw. Amtsrichter (III./95) angestellt.
—	24 V./96 bis XI./99	20 IV./95 bis VII./98	16	2	2–3½	4½–7¾	1) 1 Rechtspraktikant ist z. Z. Notariatsgehilfe, 2 sind zu Strafanstalts-Assessoren ernannt worden. 2) 4 sind zu Strafanstalts-Assessoren ernannt worden. 3) die Sekretäre u. III. Staatsanwälte sind inzw. sämtl. zu Amtsrichtern ernannt worden. 4) davon 24 zu Amtsrichtern ernannt, 1 z. Notariat u. 1 zur Rechtsanwaltschaft übergetreten.
—	1 VIII./98	1 II./00	3	—	4–8[4])	7½	1) davon 1 als Strafanstalts-Assessor angestellt. 2) ein III. Staatsanwalt wurde (VI./98) zum II. Staatsanwalt befördert. 3) davon 2 im rechtsrheinischen Bayern als Sekretäre und später (IV./96, V./97) als Amtsrichter angestellt. 4) 1 Rechtspraktikant mit Note II kam, weil längere Zeit III. Staatsanwalt, erst 1900 zur Anstellung als Amtsrichter.
—	16 X./97 bis XI./99	17 X./96 bis II./00	10	—	2–4¾	4¾–7	1) 1 Rechtspraktikant zum Reichsdienste beurlaubt, 1 zum Strafanstalts-Assessor ernannt. 2) 1 Sekretariatsgehilfe, 2 als Strafanstalts-Assessoren angestellt. 3) die Sekretäre und III. Staatsanwälte sind inzwischen sämtlich zu Amtsrichtern ernannt worden, 1 Staatsanwalt gestorben. 4) 1 Amtsrichter erst im Jahre 1899 ernannt, weil nicht früher beworben. 5) davon 2 gestorben, 16 zu Amtsrichtern und 1 zum Notar ernannt.
—	—	1 II./00	1	—	5½	—	1) davon 4 im rechtsrheinischen Bayern als Sekretäre angestellt und in der Zeit vom IX./95 bis XI./96 zu Amtsrichtern ernannt. 2) davon 1 im rechtsrheinischen Bayern als Notar (VII./98) und 1 als Sekretär bezw. Amtsrichter (II./98) angestellt, 1 ist im Strafanstaltsdienst angestellt, 1 ist Notariatsgehilfe.
—	11 XI./99 bis XII./00	16 II./00	10	2	2–5	6¾–7¾	1) davon 1 zur Rechtsanwaltschaft übergetreten, 1 pensioniert, die übrigen 76, sowie sämtliche III. Staatsanwälte zu Amtsrichtern ernannt. 2) davon 2 gestorben, 11 zu Amtsrichtern ernannt.
—	1 IV./99	—	3	—	4½–5¾	5¼	1) davon 1 im rechtsrheinischen Bayern als Notar angestellt. 2) davon 1 zum Amtsrichter ernannt.
—	20[5]) XII./99 bis XII./00	16 1900	42	—	2¼–5¾	5–6	1) davon noch 1 in gerichtlicher Praxis, 1 zum Strafanstalts-Assessor ernannt. 2) die Sekretäre und III. Staatsanwälte sind inzwischen sämtlich zu Amtsrichtern ernannt, von letzteren ist 1 zur Rechtsanwaltschaft übergetreten. 3) davon 1 beurlaubt, 2 als Strafanstalts-Assessoren angestellt, 4 als Notariatsgehilfen und 1 als Strafanstalts-Funktionär beschäftigt. 4) davon 1 gestorben, 17 zu Amtsrichtern ernannt. 5) darunter 3 Anlegungsbeamte.
—	1 III./00	—	4	—	3½–5½	5¼	1) davon 1 Amtsanwalt. 2) die Sekretäre und III. Staatsanwälte sind inzwischen sämtlich zu Amtsrichtern ernannt worden. 3) davon 1 im rechtsrheinischen Bayern als Sekretär und später (XI./99) als Amtsrichter angestellt; 5 sind bei Notaren beschäftigt.

Anstellungs-Verh

Jahrgang		Zahl der mit Erfolg geprüften Kandidaten	Hievon erhielten die Note I.	Note II.	Note III.	Von den geprüften Kandidaten haben sich dem Justizdienste zugewendet mit der Note I.	Note II.	Note III	Summa	Von den mit Note I Geprüften erlangten ihre Anstellung als Sekretäre	III. Staatsanwälte	Amtsrichter	Notare	wurden zur Rechtsanwaltschaft zugelassen	Von den mit Note II Geprüften erlangten ihre Anstellung als Sekretäre	III. Staatsanwälte	Amtsrichter	Notare
		1.	2.	3.	4.	5.	6.	7.	8.	9.	10.	11.	12.	13.	14.	15.	16.	17.
1895	in den Landesteilen r./Rh.	308	–	210	98	—	148[1])	93[2])	241	—	—		—	—	74[3])	19[4]) XII./97 bis II./99	97 IX./98 bis VI./00	7 XII./99 bis VI./00
	in der Pfalz	29	—	19	10	—	8	9	17	—	—	—		—	2	1[1]) VI./98	7[2]) VII./98 bis XII./99	—
1896	in den Landesteilen r./Rh.	315	—	203	112	—	153[1])	100[2])	253	—	—	—	—	—	42[8])	20 III./99 bis XI./99	68 IX./99 bis XII./00	3 XII./99 bis XII./00
	in der Pfalz	26	—	16	10	—	14	9	23	—	—	—	—	—	1	3 XII./99	7[1]) XII./99 bis VII./00	—
1897	in den Landesteilen r./Rh.	218	—	155	63	—	117[1])	61[2])	178	—	—	—	—	—	33	15 I./00 bis XI./00	9[2]) I./00 bis XII./00	—
	in der Pfalz	33	—	21	12	—	17[1])	12[2])	29	—	—	—	—	—	—	3 XII./99	3[3]) XII./99	—
1898	in den Landesteilen r./Rh.	224	3	150	71	2	96[1])	61	159	—	—	1 X. 00	—	1	23	8 XII./00	1 X./00	—
	in der Pfalz	31	—	24	7	—	20	6	26	—	—	—	—	—	—	—	—	—
1899	in den Landesteilen r./Rh.	158	—	123	35	—	88[1])	30	118	—	—	—	—	—	—	—	—	—
	in der Pfalz	27	1	20	6	—	14	5	19	—	—	—	—	—	—	—	—	—

Anmerkung:

1. In der Rubrik 1 ist die Zahl der Kandidaten angegeben, welche zu dem nebenbenannten Konkursjahre gerechnet werden, n Prüfung des Vorjahrs gezählt werden, jedoch unter Hinzurechnung derjenigen, welche aus der Prüfung des nachfolgenden
2. Die in den Rubriken 11, 16, 21 enthaltenen Zahlen schließen zum Teil die in den Rubriken 9 und 10, 14 und 15, 19

isse							
Von den mit Note III Geprüften				Es verfloß mithin für die geprüften Rechtspraktikanten bis zur Anstellung als **Richter** ein Zeitraum von Jahren			Bemerkungen
erlangten ihre Anstellung als			wurden zur Rechtsanwaltschaft zugelassen				
III. Staatsanwälte	Amtsrichter	Notare		Note I	Note II	Note III	
20.	21.	22.	23.	24.	25.	26.	
—	11[5]) X./00 bis XII./00	5 VIII./00 bis XII./00	28	—	2¾–4½	5	[1]) davon sind 4 gestorben, 2 zur Zeit beurlaubt, 1 zum Strafanstalts-Assessor ernannt. [2]) davon sind 3 gestorben. [3]) davon inzwischen 71 zu Amtsrichtern ernannt. [4]) sämtliche inzwischen zu Amtsrichtern ernannt. [5]) davon sind 10 als Hyp.Ver.- und Grdb.Anl.Beamte verwendet.
—	1 XII./00	—	—	—	2½–4	5	[1]) Sekretäre und Staatsanwälte inzwischen zu Amtsrichtern ernannt. [2]) darunter 2 Anlegungsbeamte, 1 Amtsrichter zum Universitätsprofessor ernannt. [3]) davon 1 inzwischen zum Amtsrichter ernannt.
—	—	—	39	—	2¾–4	—	[1]) davon 7 beurlaubt, 1 gestorben. [2]) davon 2 beurlaubt. [3]) von den Sekretären sind inzwischen 10, von den Staatsanwälten 18 zu Amtsrichtern ernannt worden, 1 Sekretär ist in den Reichsdienst getreten, 1 gestorben; 1 Amtsrichter ist zum Reichsdienste beurlaubt, 35 Amtsrichter sind als Anlegungsbeamte verwendet.
—	—	—	3	—	3–4	—	[1]) die 7 Amtsrichter sind als Anlegungsbeamte verwendet.
—	—	—	23	—	2–3	—	[1]) davon 2 gestorben, 1 beurlaubt. [2]) davon 1 gestorben. [3]) darunter 7 Anlegungsbeamte.
—	—	—	5	—	2	—	[1]) 1 beurlaubt. [2]) 1 beurlaubt. [3]) die Amtsrichter sind als Anlegungsbeamte verwendet.
—	—	—	17	1[illegible]	1¾	—	[1]) 5 beurlaubt.
—	—	—	—	—	—	—	
—	—	—	14	—	—	—	[1]) davon sind 7, bezw. drei beurlaubt wegen Verwendung im Reichs- oder Gemeindedienst, 1 leistet zur Zeit Militärdienste.
—	—	—		—	—	—	

…Zahl derjenigen, welche in diesem Jahre die Prüfung bestanden haben abzüglich derjenigen welche aus besonderen Gründen zur … dieses Konkursjahr eingestellt worden sind.
…ufgeführten Zahlen in sich.

C. Übersicht

über die in den Jahren 1896 bis 1900 mit Beamten von juristischer Vorbildung zu besetzenden Stellen des Justizdienstes einschließlich der Rechtsanwälte und über die in den genannten Jahren erfolgten ersten Anstellungen von geprüften Rechtspraktikanten im Justizdienste sowie über die im gleichen Zeitraum erfolgten Zulassungen zur Rechtsanwaltschaft.

Jahrgang	Zahl der Stellen im Justizstaatsdienste: im Justizministerium	der Richter	der Staatsanwälte	der rechtskund. Sekretäre	der Strafanstaltsbeamten	der Notare	Gesamtzahl	Zahl der Rechtsanwälte	Es haben in den nebengenannten Jahren von geprüften Rechtspraktikanten erlangt die erste Anstellung im Staatsdienste: als Sekretäre	als III. Staatsanwälte	als Amtsrichter	als Strafanst.-Assessoren	als Notare	Gesamtzahl	die Zulassung zur Rechtsanwaltschaft	Es haben sich in den nebengenannten Jahren jeweils von der Staatsprüfung des Vorjahrs dem Justizdienste zugewendet.	Bemerkungen
1896[1])	18	1200	109	178	28	344	1877	755	83	23	3	4	16	129	134	258	[1]) incl. der Zeit vom 1. bis 31. Dezember 1895.
1897	18	1201	109	193	28	344	1893	832	60	13	1	—	15	89	155	276	
1898	18	1226[1])	116	209	28	345	1942	863	93	25	16[2])	1	15	150	153	207	[1]) darunter 15 außeretatsm. Hyp.Ber.- u. Grdb.Anl.Bmte. [2]) darunter 15 Hyp.Ber.- und Grdb.Anl.Bmte.
1899	18	1232[1])	116	220	28	345	1959	785	137	28	5[2])	—	16	186	108	191	[1]) darunter 22 außeretatsm. Hyp.Ber.- u. Grdb.Anl.Bmte. [2]) darunter 1 außeretatsm. Hyp.-Ber.- u. Grdb.Anl.Bmtr.
1900 bis 31. Dezbr.	18	1371[1])	128	271	29[2])	342	2159	817	137	25	78[3])	1	50	291	95[4])	137	[1]) darunter 85 außeretatsm. Hyp.Ber.- u. Grdb.Anl.Bmte. [2]) darunter 1 rechtsk. Gefängnis-inspektor. [3]) darunter 67 außeretatsm. Hyp.Ber.- u. Grdb.Anl.Bmte. [4]) darunter 54 v. Konkurs 1899.

D. Übersicht

über die Zahl der am 31. Dezember 1900 bei den Justizbehörden und Rechtsanwälten in Praxis stehenden geprüften Rechtspraktikanten, sowie über jene Rechtsanwälte, welche noch als Staatsdienstadspiranten anzusehen sind.

Von der Staatsprüfung	bei dem Staatsminister. d. Justiz	bei den Oberlandesgerichten	bei den Landgerichten	bei den Amtsgerichten: in der sechsmonatlichen Nachpraxis	bei den Amtsgerichten: über die sechs Monate hinaus	als Anlegungs-Kommissäre	bei den Staatsanwaltschaften u. Ober-Staatsanw.	bei den Strafanstalten	als Amtsanwälte	bei Notariaten	bei Rechtsanwälten	Summa	Rechtsanwälte, welche noch als Staatsdienst-Adspiranten gelten	Rechtsanwälte, hierunter solche, welche die sechsmonatl. Praxis abgeleistet haben	Bemerkungen
Im rechtsrheinischen Bayern.															
1895	—	—	—	—	—	1	—	1	—	14	—	16	54	15	
1896	—	1	—	—	—	18	—	—	—	16	3	38	63	18	
1897	—	—	—	6	3	32	1	—	—	18	1	61	39	12	
1898	—	1	1	—	9	13	5	—	—	17	14	60	46	18	
1899	3	2	3	5	8	1	5	—	—	16	10	53	52	29	
Summe	3	4	4	11	20	65	11	1	—	81	28	228	254	92	
In der Pfalz.															
1895	—	—	—	—	—	—	—	—	1	2	—	3	1	—	
1896	—	—	—	—	—	2	—	—	—	3	—	5	3	—	
1897	—	—	—	—	—	5	—	—	8¹)	3	—	16	5	—	¹) darunter 1 a. d. rechtsrheinischen Bayern.
1998	—	—	—	—	—	18	—	—	6	—	—	24	2	—	
1899	—	1	—	—		8¹)	—	—	5	2	3	19	1	—	¹) darunter 1 a. d. rechtsrheinischen Bayern.
Summe	—	1	—	—	—	33	—	—	20	10	3	67	12	—	

E. Übersicht

über die Zahl der geprüften Rechtspraktikanten, die bis zum 1. Januar 1901 um die erste Anstellung als Sekretär oder III. Staatsanwalt an einem Gerichte rechts des Rheins nachgesucht und eine solche Anstellung noch nicht erlangt haben.

Es haben gebeten um Anstellung:

Als Sekretär aus den Prüfungsjahren										Als III. Staatsanwalt aus den Prüfungsjahren			
1895 mit Note		1896 mit Note		1897 mit Note		1898 mit Note		1899 mit Note		1898 mit Note		1899 mit Note	
II	III	II	III	II	III	II	III	II	III	II	III	II	III
—	3 mit III$^{0}/_{20}$ bis III$^{2}/_{20}$	—	1 mit II$^{14}/_{20}$ 4 mit III$^{0}/_{20}$ bis III$^{3}/_{20}$	1 mit II$^{12}/_{20}$	1 mit II$^{15}/_{20}$ 4 mit II$^{16}/_{20}$ bis II$^{19}/_{20}$	10 mit II$^{5}/_{20}$ bis II$^{13}/_{20}$	9 mit II$^{14}/_{20}$ und II$^{15}/_{20}$ 7 mit II$^{16}/_{20}$ bis II$^{19}/_{20}$	14 mit II$^{8}/_{40}$ bis II$^{30}/_{40}$	1 mit II$^{31}/_{40}$	1 mit II$^{1}/_{40}$	—	4 mit I$^{34}/_{40}$ bis II$^{8}/_{40}$	—

F. Über-

über die Zahl derjenigen Bewerber, welche zur Zeit im rechts-

Prüfungsjahr													
1889 mit Note		1891 mit Note		1892 mit Note		1893 mit Note		1894 mit Note		1895 mit Note	
II	III	II	III	II	III	II	III	II	III	II	III
—	3 Sekret. mit $\text{III}^{3}/_{28}$ bis $\text{III}^{7}/_{28}$	—	2 Sekret. mit $\text{III}^{2}/_{28}$ und $\text{III}^{10}/_{28}$	—	4 Sekret. mit $\text{II}^{19}/_{28}$ bis $\text{III}^{4}/_{28}$	—	14 Sekret. mit $\text{II}^{16}/_{20}$ bis $\text{III}^{4}/_{20}$	1 gepr. Rpr. mit $\text{II}^{1}/_{20}$	16 Sekret. mit $\text{II}^{16}/_{20}$ bis $\text{III}^{5}/_{20}$	3 Sekret. mit $\text{II}^{7}/_{20}$ bis $\text{II}^{18}/_{20}$	12 Sekret. mit $\text{II}^{14}/_{20}$ und $\text{II}^{15}/_{20}$ — 16 Sekret. mit $\text{II}^{16}/_{20}$ bis $\text{III}^{2}/_{20}$ — 1 bei der Anlegung des Grund-buchs ver-wendeter gepr. Rpr mit $\text{III}^{1}/_{20}$

sicht

rheinischen Bayern die Anstellung als Amtsrichter anstreben.

Prüfungsjahr						Insgesamt aus den Prüfungsjahren	
1896 mit Note		1897 mit Note		1898 mit Note		1889—1898 mit Note	
II	III	II	III	II	III	II	III
2 111. St.-Anw. mit II $^{4}/_{20}$ und II $^{5}/_{20}$	9 Sekret. mit II $^{14}/_{20}$ und II $^{15}/_{20}$	15 111. St.-Anw. mit I $^{18}/_{20}$ bis II $^{5}/_{20}$	6 Sekretäre mit II $^{14}/_{20}$ und II $^{15}/_{20}$	8 111. St.-Anw. mit I $^{18}/_{20}$ bis II $^{5}/_{20}$	11 Sekret. mit II $^{14}/_{20}$ und II $^{15}/_{20}$	163	143
—	—	—	—	—	—	oder wenn die Noten II $^{14}/_{20}$ und II $^{15}/_{20}$ im Hinblick auf die Bestimmung in § 50 Abs 4 der Allerhöchsten Verordnung vom 4. Juli 1899, die Prüfungen für den höheren Justiz- und Verwaltungsdienst u. s. w. betr., noch der Hauptnote II zugerechnet würden:	
28 Sekret. mit II $^{7}/_{20}$ bis II $^{13}/_{20}$	21 Sekret. mit II $^{16}/_{20}$ bis III $^{3}/_{20}$	33 Sekret. mit II $^{4}/_{20}$ bis II $^{13}/_{20}$	4 Sekretäre mit II $^{16}/_{20}$ bis III $^{2}/_{20}$	22 Sekret. mit II $^{3}/_{20}$ bis II $^{13}/_{20}$	4 Sekretäre mit II $^{16}/_{20}$ bis II $^{19}/_{20}$		
—	—	—	—	—	—		
5 Anlegungskommissäre mit II $^{10}/_{20}$ bis II $^{13}/_{20}$	7 Anlegungskommissäre mit II $^{14}/_{20}$ und III $^{15}/_{20}$	25 Anlegungskommissäre mit II $^{7}/_{20}$ bis II $^{13}/_{20}$	6 Anlegungskommissäre mit II $^{14}/_{20}$ und II $^{15}/_{20}$	13 Anlegungskommissäre mit II $^{8}/_{20}$ bis II $^{13}/_{20}$	1 Anlegungskommissär mit II $^{15}/_{20}$	215	91
	—	—		—			
	6 Anlegungskommissäre mit II $^{16}/_{20}$ und II $^{17}/_{20}$	3 gepr. Rpr. in Praxis bei Justizbehörden mit II $^{0}/_{20}$ bis II $^{4}/_{20}$		5 gepr. Rpr. in Praxis bei Justizbehörden mit II $^{0}/_{20}$ bis II $^{5}/_{20}$			

G. Übersicht

über die Zahl derjenigen Bewerber, welche zur Zeit im rechtsrheinischen Bayern die Anstellung als Notar anstreben.

Prüfungsjahr

1894 mit Note		1895 mit Note		1896 mit Note		1897 mit Note		1898 mit Note		Bemerkungen
II	III	II	III	II	III	II	III	II	III	
—	12[1]) mit $II^{18}/_{20}$ bis $III^{5}/_{20}$	—	15[2]) mit $II^{17}/_{20}$ bis $III^{5}/_{20}$	5 mit $II^{2}/_{20}$ bis $II^{12}/_{20}$	1 mit $II^{14}/_{20}$	5 mit $II^{4}/_{20}$ bis $II^{11}/_{20}$	12 mit $II^{18}/_{20}$ bis $III^{3}/_{20}$	7 mit $II^{7}/_{20}$ bis $II^{13}/_{20}$	1 mit $II^{14}/_{20}$	[1]) Darunter 9, welche als ständige Verweser von auf Rechnung des Staates geführten Notariaten aufgestellt und zu Sekretären außer dem Status ernannt sind.
					1 mit $II^{15}/_{20}$				9 mit $II^{16}/_{20}$ bis $III^{5}/_{20}$	[2]) Darunter einer zum Amtsgerichtssekretär ernannt, und der ständige Verweser des auf Rechnung des Staates geführten Notariats Nordhalben.
					9 mit $II^{18}/_{20}$ bis $III^{3}/_{20}$					Außer den nebenbezeichneten haben um Verleihg. eines Notariats gebeten: zwei A.R. aus dem Prüfungsjahr 1892 mit den Noten $II^{10}/_{28}$ und $II^{17}/_{28}$ und ein A.R. von der Prüfung 1894 mit der Note $II^{11}/_{20}$ und ein A.R. von der Prüfung 1895 mit der Note $II^{4}/_{20}$.

Bemerkungen zu den Übersichten A—G.

1. Die Übersichten A—D sollen einen Überblick über die Anstellungsbewegung in den letzten Jahren und die Zahl der Bewerber um Anstellung im höheren Justizstaatsdienste geben.

Für das rechtsrheinische Bayern ist in der Tabelle E die dermalen vorliegende Zahl der Gesuche um die Verleihung der Stelle eines Sekretärs oder eines III. Staatsanwaltes, in der Tabelle F die Zahl derjenigen Bewerber, welche auf grund ihrer dermaligen Verwendung die Anstellung als Amtsrichter schon angestrebt haben, oder möglicherweise anstreben werden, und in der Tabelle G die Zahl derjenigen Bewerber, welche auf grund ihrer dermaligen Verwendung die Anstellung als Notar schon angestrebt haben, oder voraussichtlich anstreben werden, dargestellt. Das Prüfungsjahr 1899 ist in den Tabellen F und G außer Berücksichtigung geblieben, weil von den Bewerbern dieses Prüfungsjahrs noch keiner die Anstellung als Sekretär oder als III. Staatsanwalt erreicht und auch noch keiner die zweijährige Notariatspraxis abgeleistet hat.

2. Es befinden sich zur Zeit an der Reihe zur Anstellung

als Amtsrichter die Bewerber mit der Note II aus dem Prüfungsjahr 1896 und die Bewerber mit den besten Noten aus dem Prüfungsjahr 1897, daneben gleichzeitig die Anlegungskommissäre mit den besseren Noten aus dem Prüfungsjahr 1897,

als III Staatsanwalt die Bewerber mit den besten Prüfungsnoten aus dem Jahre 1898,

als Sekretär die Bewerber mit der Note II aus dem Prüfungsjahr 1898 und daneben noch einzelne Bewerber mit der Note III aus früheren Prüfungsjahren,

als Notar die Bewerber mit der Note II aus dem Prüfungsjahr 1896, dann 1897 und daneben einzelne Bewerber mit der Note III aus früheren Prüfungsjahren.

Es gelangen mithin zur Zeit im laufenden Dienste die Bewerber mit mittlerer zweiter Note zur Anstellung als Amtsrichter nach ca. 4—4½ Jahren, zur Anstellung als Sekretär nach ca. 2—2½ Jahren, zur Anstellung als Notar nach ca. 4—4½ Jahren und die Bewerber mit sehr guten Noten zur Anstellung als III. Staatsanwälte nach ca. 2 Jahren nach Ablegung der Prüfung, ein Verhältnis, das für die nächste Zeit voraussichtlich, wenn nicht besondere Umstände eintreten, das gleiche bleiben wird. Da zur Anstellung als III. Staatsanwalt (vgl. Tabelle E) zur Zeit nur noch ein Gesuch eines Bewerbers aus dem Prüfungsjahr 1898 vorliegt und da aus diesem Prüfungsjahre nur noch einige Gesuche von Bewerbern mit sehr guter Note zu erwarten sind, so werden zum Vorschlag für die Anstellung als III. Staatsanwalt in den nächsten Monaten auch schon die Bewerber aus dem Prüfungsjahr 1899 gelangen.

3. Unter den gegenwärtigen Verhältnissen müssen an die Richter der Amtsgerichte sehr hohe Anforderungen gestellt werden. Die Justizverwaltung kann daher schon im allgemeinen Interesse nur nach jeder Richtung unzweifelhaft qualifizierte und den jetzigen gesteigerten Anforderungen vollständig genügende Bewerber mit guter wissenschaftlicher Vorbildung zur Anstellung als Amtsrichter vorschlagen. Mit Rücksicht auf diese Thatsache und bei dem großen Zugange von Bewerbern aus den letzten Prüfungsjahren mit der Note II (vgl. die Tabelle F letzte Spalte), werden künftig die Bewerber mit den tieferen Prüfungsnoten wenig Aussicht haben, im laufenden Dienste zur Anstellung als Amtsrichter zu gelangen.

Auf diese Aussichten wurden schon bisher die Bewerber bei mündlichen Erkundigungen ausdrücklich aufmerksam gemacht. Es soll jedoch hiemit nochmals darauf hingewiesen werden, daß Bewerber mit guten Prüfungsnoten unter der selbstverständlichen Voraussetzung, daß sie nachträglich auch in der Praxis sich bewähren, im Justizstaatsdienst auch in Zukunft je nach der Güte ihrer Note und ihrer weiteren Qualifikation in kürzerer oder etwas längerer Zeit zur Anstellung als Amtsrichter gelangen können, daß aber die Bewerber mit wenig günstigen Noten gut daran thun werden, wenn sie sich nicht ausschließlich dem Gerichtsschreibereidienste widmen wollen, sich dem Justizstaatsdienste **nicht** zuzuwenden. Einem Bewerber mit der Note III, welcher glaubt, das Ergebnis der Prüfung zufälligen Umständen (nervöser Erregung oder sonstiger vorübergehender Indisposition oder dgl.) oder nicht genügender Vorbereitung zuschreiben zu müssen und welcher der Ansicht ist, daß er unter anderen Verhältnissen oder bei besserer Vorbereitung ein günstigeres Ergebnis erzielen werde, kann, wenn er sich dem Justizstaatsdienste zuwenden will, nur der dringende Rat gegeben werden, die Prüfung zu wiederholen. Er wird, wenn er bei Wiederholung der Prüfung ein besseres Ergebnis erreicht, sein Ziel jedenfalls sicherer und früher erreichen.

4. Auch bei dem Vorschlage für die Anstellung als Notar wird, da für diesen Dienst die Verhältnisse ganz ähnlich gelagert sind, wie bei dem Richterdienst, in Zukunft auf den Besitz einer günstigen Prüfungsnote besonderes Gewicht gelegt werden.

Anhang.

Bekanntmachung,

die Verehelichung der Staatsdienstadspiranten und der nur widerruflich im öffentlichen Dienste verwendeten Individuen betr.

Staatsministerium des k. Hauses und des Aeußern, der Justiz, des Innern, des Innern für Kirchen- und Schulangelegenheiten, der Finanzen, dann Staatsministerium des Handels und der öffentlichen Arbeiten.

Seine Majestät der König haben die Bestimmungen über die Verehelichung der Staatsdienstadspiranten und der nur widerruflich im Staatsdienste verwendeten Individuen einer Revision unterziehen lassen, und Allerhöchst zu bestimmen geruht:

1. Alle für einen öffentlichen Dienst, dessen Uebertragung vom Staatsoberhaupte oder einer Staatsbehörde ausgeht, als Adspiranten vorgemerkten Personen, sowie alle in einem derartigen Dienste nur auf Ruf und Widerruf verwendeten Individuen haben vor der Verehelichung oder Wiederverehelichung dem Vorstande derjenigen Stelle oder Behörde, bei welcher sie verwendet oder als Adspiranten vorgemerkt sind, eine schriftliche Anzeige von ihrem Vorhaben und der getroffenen Wahl zu erstatten.

2. Die einkommende Anzeige ist sofort vom dienstlichen Standpunkte aus zu würdigen und hienach

a) wenn ein dienstliches Bedenken nicht obwaltet, dies dem Betheiligten schriftlich zu eröffnen,

b) wenn aber ein dienstliches Bedenken besteht, dem Betheiligten bekannt zu geben, daß er im Falle des Vollzuges seiner Verehelichung die Entlassung aus der Verwendung, beziehungsweise die Streichung aus der Liste der Bewerber um Anstellung zu gewärtigen habe.

3. Individuen, welche unter Nichtbeachtung der vorstehenden Vorschriften eine Ehe schließen, sind sofort von jeder dienstlichen Verwendung zu entfernen, beziehungsweise aus der Liste der Bewerber um Anstellung zu streichen.

4. Die Anzeigen, wie die hierauf ergehenden Eröffnungen sind tax- und stempelpflichtig, allenfallsige Erhebungen jedoch als Amtssache zu behandeln.

5. Gegenwärtige Vorschriften treten mit dem 1. September 1868 an die Stelle der Bekanntmachung vom 14. Juni 1854, die Verehelichung der Staatsdienstadspiranten und der nur widerruflich im Staatsdienste verwendeten Individuen betr.

München, den 20. August 1868.

Auf Seiner Königlichen Majestät Allerhöchsten Befehl.

v. Gresser. **v. Schlör.** **v. Hörmann.**

v. Fischer,
Staatsrath.

v. Daxenberger,
Staatsrath.

Sachregister.

(S. bedeutet Seite, die kleinen Ziffern neben einem Paragraphen bedeuten die Anmerkungen.)

A.

B.

D.

E.

J. Schweitzer Verlag (Arthur Sellier) München

Schmitt, G., Kgl. Regierungsrat im Kgl. bayer. Staatsministerium der Justiz. **Die bayer. Justizgesetze.** Sammlung von Landesgesetzen für die Rechtspflege nach dem Stande der Zeit des Inkrafttretens des Bürgerlichen Gesetzbuchs. gr. 8°. Lieferung 1./2. (16 Bogen.) **Mk. 3.20.**

Böhm, F., Rat a. Kgl. Oberst. Landesger., und **Klein, Max,** Reichsgerichtsrat, **Das Bayerische Ausführungsgesetz zum Bürgerlichen Gesetzbuch.** gr. 8°. 1./3. Lieferung. (15 Bogen.) **Mk. 4.50.**

Lieferung 4 (Schluß) gelangt demnächst zur Ausgabe.

Meikel, Gg., Kgl. Amtsrichter, **Die Bayerischen Ausführungsgesetze zum Bürgerlichen Gesetzbuche, zur Civilprozeßordnung und zum Gerichtsverfassungsgesetz. Mit Wiedergabe der citierten Paragraphen, Anmerkungen, Vollzugsvorschriften und einem Gesamtregister.** gr. 8°. 1./5. Lieferung. (25 Bogen.) **Mk. 4.—.**

Die Schluß-Lieferung erscheint in Kürze.

Der Umfang des ganzen Werkes wird etwa 40 Druckbogen, der Preis ca. **Mk. 6.** . betragen.

Müller, Dr. G., Kgl. Amtsrichter in München,

und Meikel, G., Kgl. Amtsrichter in Nürnberg,

Das Bürgerliche Recht in seiner neuen Gestaltung. Systematisch dargestellt und durch Beispiele erläutert. gr. 8°. 2 Bde. (88 Bogen.) 1899. Elegant gebunden **Mk. 15.—.**

Maenner, K., Kgl. Oberlandesgerichtsrat, **Das Recht der Grundstücke nach dem Bürgerlichen Gesetzbuche und der Grundbuchordnung für das Deutsche Reich.** 8°. (VIII und 408 S.) 1899. Brosch. **Mk. 9.—,** in Halbfranz gebd. **Mk. 11.—.**

J. Schweitzer Verlag (Arthur Sellier) München

Meikel, Gg., Kgl. Amtsrichter, **Das Bürgerliche Gesetzbuch** für das Deutsche Reich und Einführungsgesetz **mit Wiedergabe der verwiesenen Paragraphen** und ausführlichem Sachregister. gr. 8° (VIII, 606 S.) 1900. In Ganzleinen gebd. **Mk. 3.60.**

Von demselben Werke erschien eine

Ausgabe auf Schreibpapier mit breiten Rändern.

Format des Reichsgesetzblattes, gebd. **Mk 6.—.**

Dispeker, Dr. S., Rechtsanwalt, **Alphabetisch geordneter Führer durch das Bürgerliche Gesetzbuch und dessen Nebengesetze** mit besonderer Berücksichtigung der für Bayern geltenden Bestimmungen und unter vergleichender Bezugnahme auf die römischrechtlichen Benennungen. gr. 8°. (VIII, 372 S.) 1900. In Halbfranz gebd. **Mk. 9.—.**

Hermann, J., Kgl. Amtsger.-Sekretär, **Civilrechtliche Fristen und Verjährungen der Deutschen Reichsgesetze.** 8°. (IV, 485 S.) Brosch. **Mk. 7.20.** 1901. Elegant in Ganzleinen geb. **Mk. 8.—.**

☞ Soeben vollständig geworden! ☜

Wochinger, K., Kgl. Amtsger.-Sekretär, **Die Prozeßgebühren-Gesetze für das Deutsche Reich,** in der Neutextierung vom 20. Mai 1898, umfassend: **Das Gerichtskostengesetz, die Gebührenordnung für Zeugen und Sachverständige, die Gebührenordnung für Gerichtsvollzieher, die Gebührenordnung für Rechtsanwälte.** Handausgabe mit Erläuterungen, Tabellen und ausführlichem Sachregister. 8°. (VIII, 295 S.) 1899. In Ganzleinen gebd. **Mk. 4.20.**

Meyer, K., Kgl. Landesgerichtsrat, **Die Konkursordnung für das Deutsche Reich nebst den zugehörigen Einführungsgesetzen und das Reichsgesetz, betr. die Anfechtung von Rechtshandlungen eines Schuldners außerhalb des Konkursverfahrens** in der Fassung vom 20. Mai 1898. Handausgabe mit Erläuterungen, ausführlichem Sachregister und einem Anhang. 8°. (VIII, 459 S.) 1899. In Ganzleinen gebd. **Mk. 6.—.**

Meisner, Chr., Rechtsanwalt, **Die Vorschriften des B.G.B. über die Viehgewährschaft** nebst der hiezu ergangenen kaiserlichen Verordnung vom 27. März 1899. Kommentierte Handausgabe. 8°. (XIV, 161 S.) 1900. In Ganzleinen gebd. **Mk. 3.40.**

J. Schweitzer Verlag (Arthur Sellier) München

Keidel, Fr., Kgl. Amtsrichter, **Gesetz über die Angelegenheiten der freiwilligen Gerichtsbarkeit** vom 17. Mai 1898. Handausgabe mit Erläuterungen und ausführl. Sachregister. 8°. (XII, 190 S.) 1898. In Ganzleinen gebd. **Mk. 3.20.**

Hierzu

Ergänzungsbändchen, enthaltend die Bayerischen Ausführungsbestimmungen zu dem Gesetz über die Angelegenheiten der freiw. Gerichtsbarkeit. 8°. (XII, 82 S.) 1900. Kart. **Mk. 1.60.**

Das Gerichtsvollzieherwesen in Bayern, (Abdruck der amtl. Ausg.) mit allen Formularen, einem Inhaltsverzeichnis, alphabetischem Sachregister und **einer Einführung in die einfachsten Begriffe des Wechselrechts.** 8°. (VI u. 340 S.) 1900. Kart. **Mk. 3.50.**

Singer, A., Kgl. Amtsrichter, **Die Verrichtungen des Vormundschaftsgerichts und des Nachlaßgerichts.** Nach dem Bürgerl. Gesetzbuch u. d. Nebengesetzen unter besonderer Berücksichtigung der bayer. Ausführungsbestimmungen in alphabetischer Ordnung dargestellt. 8°. (VII, 163 S.) 1900. In Ganzleinen geb. **Mk. 3.40.**

Gebhard, K., Kgl. Amtsrichter, **Die Hypothekenbuchsbereinigung** im rechtsrhein. Bayern u. d. künft. Grundbuch gegenüber dem jetzigen Hypothekenbuch. gr. 8°. (VIII, 220 S.) 1897. Brosch. **Mk. 4.—,** geb. **Mk. 5.—.**

Keidel, Fr., Kgl. Amtsrichter, **Hypothekenbucheinträge und Vollzugsbestätigungen** nach den Bestimmungen des bayerischen Hypothekenrechtes. (Anleitung zu den Einschreibungen im Hypothekenbuch und den Bestätigungen hierüber nach den bestehenden Gesetzen und Verordnungen nebst einer Sammlung von Beispielen.) gr. 8°. (VIII, 136 S.) 1896. **Mk. 2.50.**

Schweitzer's altes und neues Handelsgesetzbuch Mk. 3.50.

Schweitzer's alte und neue Civilprozeßordnung Mk. 3.—

Schweitzer's alte und neue Konkursordnung Mk. 1.50.

J. Schweitzer Verlag (Arthur Sellier) München

Staudinger, Dr. Jul. v., Kgl. Geh.-Rat und Senatspräsident a. D., **Vorträge aus dem Gebiete des Bürgerlichen Gesetzbuches für Verwaltungsbeamte.** 8°. (XII, 616 S.) 1900. Geb. in Leinw. **Mk. 10.50.**

☞ **Empfohlen im Amtsblatt des K. Staatsministeriums des Innern Nr. 46 vom 27. Oktober 1899 und Nr. 37 vom 1. August 1900.**

Lindner, F., Kgl. Oberamtsrichter und **Dr. Th. von Hauck,** Kgl. Oberstaatsanwalt a. D. am Verwaltungsgerichtshofe, **Erläuterungen zur Bayerischen Gemeindeordnung** für die Landesteile diesseits des Rheins. **Dritte** nach dem neuesten Stande der Gesetzgebung bearbeitete **Auflage.** gr. 8°. (VIII und 650 S.) 1901. Preis broch. **Mk. 7.50.** geb. **Mk. 8.50.**

☞ **Empfohlen im Amtsblatt des K. Staatsministeriums des Innern Nr. 63 vom 31. Dezember 1900, desgleichen im Justizministerialblatt Nr. I vom 9. Januar 1901.**

Pohl, K., Rechtsanwalt und rechtskundiger Bürgermeister a. D., **Handbuch des Staats- und Verwaltungsrechts für das Königreich Bayern.** Mit besonderer Rücksicht auf die Geschäftsthätigkeit der rechtsrheinischen Gemeindebehörden, sowie auf die einschlägige Litteratur und Rechtsprechung. gr. 8°. (VIII, 616 u. 753 S.). 1898/1900. 2 Bände. Brosch. **Mk. 17.30.** In Ganzleinen geb. **Mk. 20.—.**

Full, Dr. G., Kgl. Hofrat und Rechtsanwalt, und **Reuter, M.,** Bezirkstierarzt, **Die staatliche Viehversicherung in Bayern.** Das bayer. Gesetz v. 11./V. 1896, die Viehversicherungsanstalt betr., nebst dem Normalstatut für die der bayer. Viehversicherungsanstalt beitr. Ortsversicherungsvereine und den hiezu erl. Vollzugsanweisungen und Formularen. Mit Erläuterungen. 8°. (VIII, 256 S.) 1896. Kart. **Mk. 2.80.**

☞ **Empfohlen im Amtsblatt des K. Staatsministeriums des Innern Nr. 27 vom 18. August. 1896.**

Als Ergänzung hiezu

Reuter, M., Bezirkstierarzt, **Die staatliche Pferdeversicherung in Bayern.** Mit Erläuterungen. 8°. (VIII, 136 S.) 1900. Kart. **Mk. 1.60.**

J. Schweitzer Verlag (Arthur Sellier) München

Die Ausführungsgesetze

zum Bürgerlichen Gesetzbuche

Sammlung der von den Bundesstaaten zur Ausführung des Bürgerlichen Gesetzbuchs und seiner Nebengesetze erlassenen Gesetze und mit Gesetzeskraft versehenen Verordnungen

herausgegeben von

Dr. H. Becher,

K. Landgerichtsrat in München.

Gr. 8°. 2 Bände (ca. 200 Bogen). Brosch. **Mk. 30.—;**
in Halbfranz geb. **Mk. 35.—**

Diese kürzlich zum Abschluß gelangte Sammlung besitzt einen so hervorragend praktischen Wert, daß alle Behörden, Bibliotheken, Richter, Rechtsanwälte, Notare, Professoren und Dozenten u. s. w. u. s. w. das Werk anschaffen müssen. Die absolute Unentbehrlichkeit für den Praktiker beweist nachfolgende

Inhaltsübersicht:

	Gesetze u. Verordn.	Seiten
I. Anhalt	10	70
II. Baden	15	89
III. Bayern	12	181
IV. Braunschweig	13	89
V. Bremen	15	104
VI. Elsaß-Lothringen	12	90
VII. Hamburg	11	71
VIII. Hessen	19	217
IX. Lippe	10	39
X. Lübeck	16	123
XI. Mecklenburg-Schwerin	14	188
XII. Mecklenburg-Strelitz	12	158
XIII. Oldenburg	19	116
XIV. Preußen	14	207
XV. Reuß ältere Linie	10	103
XVI. Reuß jüngere Linie	11	109
XVII. Sachsen	9	108
XVIII. Sachsen-Altenburg	9	110
XIX. Sachsen-Coburg	12	125
XX. Sachsen-Meiningen	12	90
XXI. Sachsen-Weimar	10	152
XXII. Schaumburg-Lippe	11	90
XXIII. Schwarzburg-Rudolstadt	12	127
XXIV. Schwarzburg-Sondershausen	13	118
XXV. Waldeck	9	71
XXVI. Württemberg	3	90

J. Schweitzer Verlag (Arthur Sellier) München

Allfeld, Dr. Phil., o. Professor in Erlangen. **Die Strafgesetzgebung des Deutschen Reichs.** Sammlung aller Reichsgesetze strafrechtlichen und strafprozessualen Inhalts mit einem Gesamtregister für den akademischen Gebrauch und die Praxis.

gr. 8°. (VIII, 924 S. und **2 Ergänzungsblätter.**) 1900. In Halbfrz. geb. **Mk. 8.—.**

Die Sammlung enthält **125** Gesetze und Verordnungen &c., welche in folgender systematischer Reihenfolge abgedruckt sind:

I. Theil: Strafgesetze.

I. Abschnitt. **Das Strafgesetzbuch für das Deutsche Reich nebst den Einführungs- und Abänderungsgesetzen.**

II. Abschnitt. **Das Militärstrafgesetzbuch samt Einführungsgesetz.**

III. Abschnitt. **Die übrigen strafrechtl. Reichsgesetze.**

A. Gesetze, betr. das persönliche und räumliche Geltungsgebiet der Strafgesetze.

B. Gesetze zum Schutze von Gütern der Gesamtheit.

I. Gesetze betr. das Militärwesen und den Schutz der Staatssicherheit.
II. Gesetze betr. das Finanzwesen.
III. Gesetze betr. das Preßwesen.
IV. Gesetz über das Auswanderungswesen.
V. Gesetze betr. das Seewesen.
VI. Gesetze betr. das Verkehrswesen.
VII. Gesetze betr. den Geldverkehr.
VIII. Gesetze betr. das Versicherungswesen.
IX. Gesetze betr. das Handels- und Gewerbewesen.
X. Gesetze betr. Jagd und Fischerei.

C. Gesetze zum Schutze von Gütern der Einzelnen.

I. Gesetze zum Schutze von Leben, Gesundheit und Vermögen.
II. Gesetze zum Schutze des Personenstandes und der persönlichen Freiheit.
III. Gesetze zum Schutze der sog. Individualrechte.

II. Theil: Strafprozeßgesetze.

Nachträge und Berichtigungen.

Vom Kgl. bayer. Staatsministerium der Justiz wurde die Sammlung als Hilfsmittel bei der ersten juristischen Prüfung an den Landesuniversitäten angeschafft.

J. Schweitzer Verlag (Arthur Sellier) München

Buchert, Karl, Rat des Kgl. bayer. Verwaltungsgerichtshofes, **Sammlung in der Praxis oft angewandter Verwaltungsgesetze nebst einer Anzahl derartiger Verordnungen** rc. für das Königreich Bayern. In Einem Bande unter Berücksichtigung aller bisherigen Aenderungen nach dem nunmehr giltigen Texte mit Beifügung eines Sachregisters zusammengestellt.

gr. 8°. (1200 Seiten.) Elegant in soliden Halbfranzband gebunden **Mk. 9.50.**

Diese Sammlung enthält **105** Gesetze und Verordnungen, darunter: Armengesetz — Bauordnung — Besitzveränderungsabgabe-Ges. — Be- und Entwässerungs-Unternehmungen-Ges. — Brandversicherungsges. — Distriktsratsges. — Einkommensteuerges. — Eisenacher Uebereinkunft — Erbschaftssteuerges. — Erziehungs- und Unterrichtsanstalten — Fischereiordnung — Flurbereinigungsges. — Forstges. — Freizügigkeitsges. — Gebührenges. — Gemeindeordnung (rechtsrh.) — Gewerbesteuerges. — Gifte, Verkehr mit solchen — Gothaer Vertrag — Grundentlastungsfortsetzung — Hagelversicherungsges. — Heimatsges. — Hufbeschlagegewerbe — Hundegebührenges. — Jagdges. — Impfges. — Invalidenversicherungsges. — Kaminkehrerordnung — Kapitalrentensteuerges. — Körordnung — Kompetenzkonfliktges. — Krankenversicherungsges. — Kreislastenausscheidungsges. — Landratsges. — Landtag, Geschäftsgang desselben — Landtagswahlges. — Land- und forstwirtschaftl. Unfallversicherungsges. — Leichenbeförderung — Leichenbeschauvorschriften — Lotterien und Ausspielungen — Medicinal-Taxordnung — Milzbrandfälle, Entschädigung hiefür — Nachbarrecht — Nachhaft, korrektionelle — Nahrungsmittelges. — Personenstandsges. — Polizeistrafgesetzbuch — Preßges. — Reichsstrafgesetzbuch (Uebertretungen) — Reichstagswahlges. — Reichsverfassung — Religions-Edikt — Concordat, Protestanten-Edikt — Sammlungen — Sand- und Steineabfuhr — Schulbedarfsges. — Sonn- und Festtagsfeier — Staatsangehörigkeitsges. — Standesherren, Ablösung ihrer Steuer- rc. Freiheit. — Steuernachlässe — Tanzmusik, Verordnung hierüber — Uferschutzges. — Vereinsges. — Verfassungsurkunde — Verwaltungsgerichtshofges. — Viehseuchengesetzgebung — Viehversicherungsges. — Vogelschutzges. — Waffenführung — Wasserbenützungsges. — Wege-Anordnungen — Weideges. — Zeugengebührenges. — Zuchtstierhaltung — Zuständigkeitsverordnung — Zwangsenteignungsges. — **Anhang:** Pfälz. Bauordnung — Pfälz. Forststrafgesetzbuch — Pfälz. Gemeindeordnung — Advokatengebührenordnung — Aichpfahlsetzung — Bau-Kontrole — Bauunfallversicherungsges. (Auszug) — Gewerbliches Unfallversicherungsges. (Auszug) — Hilfskassenges. — Reichsgewerbeordnung und Vollzug — Pferdeversicherung — Register.

☛ **Empfohlen im Amtsblatt des K. Staatsministeriums des Innern Nr. 31 vom 12. Juni 1900, desgleichen im Justizministerialblatt Nr. XXV vom 31. Dezember 1900.**

☛ **Vom Kgl. bayer. Staatsministerium der Justiz wurde die Sammlung als Hilfsmittel bei der ersten juristischen Prüfung an den Landesuniversitäten angeschafft.**

J. Schweitzer Verlag (Arthur Sellier) München

Dr. Ernst Jaeger,

Professor in Würzburg,

Das Bürgerliche Gesetzbuch mit Nebengesetzen

und einem Gesamtregister

für den akademischen und praktischen Gebrauch.

Ausgabe für das Königreich Bayern.

gr. 8°. (1400 Seiten.) Elegant in soliden Halbfranzband gebd. **Mk. 10.50.**

In diesem Werke sind 51 Gesetze ꝛc. enthalten, darunter folgende: Bürgerliches Gesetzbuch — Einführungsgesetz — Gerichtsverfassungsgesetz — Civilprozeßordnung — Konkursordnung — Anfechtungsgesetz — Zwangsversteigerungsgesetz — Grundbuchordnung — Freiwillige Gerichtsbarkeit — Haftpflichtgesetz — Personenstandsgesetz — Gesetz, betr. die Abzahlungsgeschäfte — Wuchergesetz — Verordnung, betr. die Hauptmängel und Gewährfristen beim Viehhandel — Handelsgesetzbuch mit Einführungsgesetz — Wechselordnung — Erwerbs- und Wirtschaftsgenossenschaften — Gesellschaften mit beschr. Haftung — Binnenschiffahrt — Flößerei — Börsengesetz — Depotgesetz — Hypothekenbankgesetz — **Bayerische Ausführungsgesetze:** Gesetz, das Unschädlichkeitszeugnis betreffend — Liegenschaftsrecht in der Pfalz — Ausführungsgesetz zum B.G.B. — Uebergangsvorschriften zum B.G.B. — Notariatsgesetz — Hinterlegungsordnung — Zuständigkeitsverordnung — Gesammt-Register.

Die Vorzüge dieser Ausgabe sind praktische Anlage, vollständig korrekter Gesetzestext, deutlicher Druck, elegante Ausstattung, handliches Format und außerordentlich billiger Preis.

☛ **Empfohlen im Justizministerialblatt Nr. XXV vom 31. Juli 1900.**

☛ **Vom Kgl. bayer. Staatsministerium der Justiz wurde die Sammlung als Hilfsmittel bei der ersten juristischen Prüfung an den Landesuniversitäten angeschafft.**

FSC
www.fsc.org
MIX
Papier | Fördert
gute Waldnutzung
FSC® C083411

Kolibri 360 GmbH
Ferdinand-Jühlke-Straße 7
99095 Erfurt, Deutschland
produktsicherheit@kolibri360.de